KB096024

나는 나를
지배하고 싶다

데일 **카네기** 지음
이정란 옮김

나는 나를
지배하고 싶다

한 문장이 필요한 순간,
데일 카네기의
인생 아포리즘

ⅆ
일요일의꿈

정말로 밝게, 활짝 웃어 보라.

가슴을 활짝 펴고, 깊이 숨을 들이마셔라.

그리고 노래 한 곡을 불러 보라.

노래를 잘 못 부른다면, 대신 휘파람을 불어 보라.

휘파람을 잘 못 분다면 그저 흥얼거리기만 해도 된다.

즐거운 척 행동하면

우울해지려 해도 그렇게 되지 않음을 곧 알게 될 것이다.

데일 카네기

차례

1 두려울 땐, 용기를 기르고 싶을 땐

2 첫발을 내디디려면

3 인생은 결국 내 생각의 결과

5 말할 수도 추측할 수도 없는 것

6 친구를 사귀고 그에게 영향을 미치는 법

7 배려 없는 손으로 만지지 마라

8 나는 나를 지배하고 싶다

9 인생이 무엇인지는 몰라도

1

두려울 땐,
용기를 기르고 싶을 땐

용기를 기르고 싶다면 1 :
다섯 가지 법칙을 따르라

더욱더 용기 있는 사람이 되고 싶다면, 아래 다섯 가지 법칙을 따르라. 장담컨대 이 법칙을 따른다면 더 큰 용기와 담력이 생겨날 것이다.

1. 원래부터 용감한 사람이었던 것처럼 행동하라. 그러면 조금이나마 더 용기를 낼 수 있을 것이다. 마치 "그 문제가 도전적이긴 했지만, 그렇다고 완전히 두려움에 사로잡히지는 않았다"라고 보여 주고 싶었던 것처럼 말이다.
2. 잠시 멈춰 생각해 보라. 다른 이들도 상당한 좌절감을 겪으며 엄청난 장애물을 마주해야 했지만 결국 그 일을 극복해 왔다. 다른 이들이 해냈던 일은, 당신 또한 분명 해낼 수 있다.
3. 우리의 생명력은 일종의 리듬에 따라 움직인다는 사실을 기억하라. 우울하다거나 삶을 마주할 능력이 사라진 듯 느껴진다면 인생의 굴곡에서 바닥을 치고 있는지도 모른다. 만약 여기서 계속해서 용기를 낼 수 있다면, 지금 당신을 끌어내리고 있는 바로 그 힘에 의해 바닥을 딛고 일어설 수 있을 것이다.
4. 밤에는 낮보다 더 패배감이 느껴지며 우울해진다는 사실

을 기억하라. 용기는 햇빛과 함께 떠오른다.

5. 용기는 영혼의 크기와도 같다. 자신의 영혼의 크기를 한번 가늠해보라.

두려울 땐 1 :
소년처럼 휘파람을 불어라

어두운 밤, 묘지를 지나가던 어린 소년은 용기를 내려고 큰 소리로 휘파람을 불며 걸어간다. 그러면서 소년은 묘지를 지나간다는 두려움을 어느 정도 극복하게 된다. '휘파람'으로 용기를 불러냈기 때문이다. 자신이 지금 우울한 상태에 있음에도 주변 사람들을 행복하게 만들어 주기 위해 노래를 불러 주는 이가 과연 몇이나 될까? 그런데 우리는 행복한 척을 하면 실제로 행복한 느낌이 든다는 사실을 결국에는 깨닫게 된다. 이 원칙은 열정에도 똑같이 적용된다. 만약 우리가 일할 때나 대화할 때 활기 넘치는 척을 하면, 우리는 스스로가 바라던 열정적인 태도를 갖게 된다.

두려울 땐 2 :
멈춰 서서 분석해 보라

두려움이 느껴진다면, 잠시 멈춰 서서 다른 이들도 두려움을 갖고 있었다는 사실을 기억하라. 누군가가 나에 대해 뭐라고 말할지, 상사가 무엇을 하려 할지, 이웃이 어떻게 생각할지 등 지금 이 순간에도 두려움이 당신을 괴롭히고 있을 수 있다. 그런데 이 모든 것은 미래와 관련이 있다. 당신은 절대로 과거에 대해 두려워하지 않는다. 어떤 일이 일어났는지 이미 알고 있고, 대부분은 결국 그렇게 나쁘지 않았기 때문이다. 하지만 미래는 어떠한가! 다행히도 두려움을 이겨 낼 수 있는 간단한 방법이 있다. 당신의 두려움이 무엇인지 분석하면 그 두려움은 줄어들 것이다. 당신은 일어날 수 있는 최악의 상황을 알게 될 것이며, 그렇기에 그 일에 대해 지나치게 겁먹지 않을 것이다. 당신은 자신에게 이렇게 말하게 될 것이다. "왜? 나는 그 일을 견뎌 낼 수 있어."

자신이 가진 두려움을 한데 모아 보고, 그 가운데 의미 없는 것들이 얼마나 있는지 살펴보라. 당신이 스스로에게 정직한 사람이라면 그 두려움의 대부분이 근거 없는 것들임을 알게 될 것이다.

남의 시선이 자꾸 느껴질 때는

다른 사람들의 시선에 민감한 이를 치유해 줄 수 있는 유일한 사람은, 바로 자기 자신이다. 그리고 그 방법은 "자기 자신을 잊어라"라는 말을 명심하는 것이다. 수줍고, 소심해지고, 남의 시선이 자꾸 느껴질 때는 그 즉시 다른 것에 마음을 두라. 만일 연설을 하는 도중이라면, 그 이야기의 주제 외에는 다 잊어버려라. 다른 사람들이 당신이나 당신의 연설에 대해 어떻게 생각하는지는 신경 쓰지 마라. 그냥 자신을 잊고, 하던 이야기를 계속해 나가라.

두려울 땐 3 :
세 가지 태도가 필요하다

꼭 해내겠다는 마음만 먹을 수 있다면 당신은 그 어떤 두려움도 극복해 낼 수 있다. 두려움은 마음속 외에는 그 어디에도 존재하지 않기 때문이다.

두려움이 느껴진다면, 내가 해야 할 일이 무엇인지에만 몰두하라. 당신이 온전히 준비된 상태라면, 두려움은 사라질 것이다.

두려움을 극복하는 방법! 행동의 순서를 정하고 그것에 따르라. 그렇게 바쁘게, 그리고 열심히 그 일을 해내다 보면 두려움 자체를 잊게 될 것이다.

결단을 내리고 과감히

기회를 잡아라!
인생의 모든 것이 기회다.
가장 앞서가는 사람은 대부분
결단을 내리고 과감히 실행하는 자들이다.
안전함을 우선시하는 배는
결코 먼 곳까지 항해할 수 없다.

용기를 기르고 싶다면 2 :
너의 능력을 믿어라!

용기를 기르고 싶다면, 자신이 두려워하는 일을 하라. 성공적인 경험이 수없이 쌓일 때까지 계속해서 두려워하는 일을 해내라. 이것이야말로 두려움을 극복하는 가장 빠르고 분명한 방법이다.

어떤 일에 겁을 먹게 되더라도 당당하게 뛰어들어 불가능해 보이는 그 일을 성취해 내라. 해낼 수 있다. 자신의 능력을 완전히 믿기만 한다면 무슨 일이든 반드시 해낼 수 있다.

압도당할 것 같던 일에 맞서면, 당신의 두려움이 어떻게 사라져 버렸는지를 깨닫고 놀라게 될 것이다.

우리 대부분은 스스로 기대했던 것보다 훨씬 더 많은 용기를 지니고 있다.

두려울 땐 4 :
나가서 바쁘게 움직여라!

두려움과 걱정을 극복하고 싶은가? 계속해서 바쁘게 움직여라. "Keep busy!"

'계속해서 바쁘게 지내기' 같은 단순한 방법이 어떻게 불안감을 사라지게 할 수 있을까? 바로 심리학에 의해 밝혀진 가장 기본적인 법칙 때문이다. 그 법칙은 바로 "아무리 똑똑한 사람이라 해도 인간의 정신은 절대로 한 번에 한 가지 이상을 생각할 수 없다"는 것이다.

나태함은 의심과 두려움을 키운다. 하지만 행동은 자신감과 용기를 키운다. 두려움을 극복하고 싶다면 집에 가만히 앉아 그에 대해 생각만 하고 있지 마라. 밖으로 나가서 바쁘게 움직여라.

우리가 한가로이 둘러앉아 멍하니 생각에만 잠겨 있다면, 찰스 다윈이 말하곤 했던 '위버기버(wibber-gibbers)'를 수없이 낳을 수밖에 없다. '위버기버'는 오래전부터 우리의 내면을 공허하게 만들고 실행력과 의지력을 파괴하는 작은 악마일 뿐이다.

두려움은 당신을 괴롭히는 불량배이기도 하고 소심한 겁쟁이이기도 하다. 두려움을 극복하기 위해서는 두려움이 존재한다는 사실 자체를 잊어버려야 한다. 당신은 할 수 있다.

그 일이 불가능하다고 생각하지 않는 한 당신은 결코 패배하지 않는다.

소심함을 극복하고 싶다면

타인의 시선에 민감하고 수줍어하는 소심한 성격을 극복할 수 있는 가장 좋은 방법은 오히려 타인에게 관심을 갖고 그들에 대해 생각해 보는 것이다. 그러다 보면 거의 기적적으로 소심함이 사라질 것이다. 다른 사람을 위해 무슨 일이든 해보라. 선행을 통해 친절함을 베풀었을 때 어떤 일이 나타나는지 알게 되면 놀라게 될 것이다.

타인을 위해 행동하라. 그러면 자신의 소심함이 어느 옥수수밭에 내려앉은 7월의 아침 이슬처럼 사라진다는 것을 알게 될 것이다.

낙담과 실패의 역할

실패에서 성공을 이끌어 내라. 낙담하고 실패하는 것은 성공
하는 데 있어 반드시 필요한 디딤돌 역할이 되어 준다. 실패
만큼 훗날 배움의 원천이 되는 것도 없다. 지나온 길을 돌아
보라. 어떤 부분에서 실패가 도움을 주었는지 확인해 볼 수
있지 않은가?

연출의 시대, 때론 쇼맨십이 필요하다

오늘날은 연출의 시대이다. 단순히 사실을 이야기하는 것만 으로는 충분하지 않다. 그 사실을 생생하고 재미있게, 극적인 것으로 보여 주어야 한다. 쇼맨십을 활용해야 하는 것이다. 영화나 방송이 이 같은 방법을 쓰고 있다. 당신도 다른 사람 들의 관심을 끌고 싶다면, 이런 방법을 활용해야 한다.

열정의 힘

열정은 인격의 원동력이 된다. 아무리 많은 재능을 지니고 있다 해도 열정이 없다면 그 어떤 능력도 발현되지 않는다. 우리 대부분은 자신이 알고 있는 것보다 훨씬 많은 잠재적 능력을 지니고 있다. 아무리 많은 지식과 믿을 만한 판단력, 좋은 추론능력을 지니고 있다 해도, 자신의 심장을 생각과 행동으로 바꾸는 방법을 발견하기 전까지는 아무도, 심지어 자신조차도 그 사실에 대해 알지 못할 것이다.

상식과 끈기로 뒷받침되는 불타는 열정이야말로 성공을 가장 자주 만들어 내는 자질이다.

무언가를 해내고자 하는 열망 없이는 이 세상에서 그 무엇도 얻을 수 없다.

열정을 찾는 방법

어떻게 하면 일에 열정을 가질 수 있을까? 지금 하고 있는 일 중에서 어떤 부분이 좋은지를 스스로에게 이야기하라. 그리고 재빨리 싫어하는 부분에서 좋아하는 부분으로 넘어가면 된다. 그런 다음 열정적으로 일하고, 다른 사람에게 왜 그 일에 관심이 있는지를 알려 주라.

열정이란 단순히 외적인 표현이 아니다. 열정은 내적으로 발현된다. 열정은 자신이 하고 있는 일에 진정으로 호감을 가질 때 생겨난다.

열정을 찾는 방법은 바로 자신이 하는 일과 자기 자신에 대해 믿으며, 무엇인가를 확실하게 성취해 내길 원하는 것이다. 그렇게 하면 밤이 지나 낮이 오듯, 자연스레 열정도 뒤따라온다.

최악의 시나리오를 그려라

걱정되는 일이 있다면, 다음과 같이 해 보라.

1. 스스로에게 "이 일이 가져올 수 있는 최악의 시나리오는 무엇인가?"라고 물어보라.
2. 반드시 해야만 하는 일이라면 그 일을 받아들일 준비를 하라.
3. 그런 다음 최악의 시나리오를 개선하기 위해 차분하게 일을 진행하라.

2

첫발을 내디디려면

결코 포기는 없다

위기가 닥친다 해도 그로부터 회피하거나 도망쳐서는 안 된다. 만약 그런 행동을 한다면 위험은 두 배로 커진다. 하지만 피하지 않고 위기에 즉각적으로 대응한다면, 위험은 절반으로 줄어든다. 결코 그 어떤 일에서도 도망치지 마라. 절대로![i]
용기란 인간이 가져야 할 덕목 가운데 첫 번째로 중요하다. 용기만 갖춘다면 다른 덕목은 자연히 따라오기 때문이다.[ii]
눈앞에 수많은 난관이 가로막고 있을 때, 자신도 모르게 다른 사람에게 그 일을 떠넘기려는 마음이 생겨나기 쉽다. 하지만 그런 비겁한 방법은 쓰지 마라. 내게 맡겨진 의무를 다하기 위해 끝까지 견뎌 내야 한다.[iii]

i ~ iii 윈스턴 처칠

자신을 믿고 꿈꾸라

스스로에 대한 믿음이 있고,

서투르지만

그래도 잘 해내고 있다는 생각을 가지고 있을 때,

나는 결국 그 일을 성취해 냈다.[i]

우리가 담대하게 자신의 꿈을 향해 나아가고 스스로가 상상해 온 인생을 살아가기 위해 노력해 나간다면, 평상시에는 생각지도 못할 성공을 마주하게 될 것이다. 허공에 큰 누각을 세웠다 해도 우리의 수고는 결코 사라지지 않는다. 그곳은 누각이 있어야 할 자리이니, 자, 이제 누각 아래에 단단한 토대를 마련하라.[ii]

i   찰스 케터링
ii 헨리 데이비드 소로

열정의 시간

이 세계의 역사에서
위대하고 당당했던 모든 순간은
열정이 승리를 거두던 때이다. [i]

현실을 직시하고 받아들여라.
가장 중요한 것은 열정이며,
그 열정은 진심에서 나온다. [ii]

i~ii 랜프 월도 에머슨

너 자신을 설득하라, 할 수 있다고!

너 자신을 설득하라, 나는 이 일을 할 수 있다고. 그리고 그 일이 가능해지도록 준비한다면, 아무리 어려운 일이라 하더라도 그 일을 해낼 수 있을 것이다. 만약 이와 반대로 아주 간단한 일조차 할 수 없다고 스스로 생각한다면 그 일을 해내는 것은 불가능하며, 아주 사소한 일조차 극복하지 못하게 될 것이다.[i]

성공하는 사람 열 중 아홉은 이 원칙을 가지고 있다. "자기 자신을 믿고 온 힘을 다해 자신을 그 일에 바쳐라!"[ii]

불가능이란 바보들의 사전에나 나오는 단어이다.[iii]

---

i 에밀 쿠에
ii 토머스 윌슨
iii 나폴레옹

담대함의 비밀

네가 할 수 있거나 꿈꿀 수 있는 일이라면,
지금 당장 시작하라.
그러한 담대함에는 비범한 능력과 힘,
그리고 마법이 숨어 있으니까. [i]

두려운 눈빛으로 미래를 바라보는 일은 결코 안전한 방법이
아니다. [ii]
인생에서 중요한 것은 위대한 목표를 갖는 동시에 그 목표를
이루기 위해 능력과 끈기를 갖는 일이다. [iii]

[i, iii] 요한 볼프강 폰 괴테
[ii] 에드워드 헨리 해리먼

무섭지 않은 척

병약하고 미숙한 소년이기만 했던 내가 청년이 되었을 때, 과연 나에게 용기가 있는지 불안했다. 그래서 나는 육체뿐만 아니라 영혼과 정신까지 단련하기 위해 고통스럽고도 힘든 노력을 기울여야만 했다. (…) 어렸을 적 나는 프레더릭 매리어트의 소설 가운데 감명 깊었던 한 구절을 반복해서 읽었다. 그 구절은 자그마한 군함의 선장이 주인공 소년에게 어떻게 두려움을 떨쳐 낼 수 있는지 설명하는 부분이었다.

"처음 전쟁터에 나가면 군인들 대부분이 겁을 먹지. 하지만 그럴 때는 전쟁 따위는 전혀 무섭지 않은 듯 행동해야 해. 그런 태도를 가지면 겉보기에만 그런 게 아니라 실제로도 두렵지 않은 상태가 된단다. 무섭지 않은 척 꾸준히 행동하다 보면 진짜로 두려움이 사라지는 거지."

나는 바로 그렇게 두려움을 극복했다. 회색빛 곰부터 '사나운' 말, 사격수에 이르기까지 나는 모든 것이 두려웠다. 하지만 마치 내가 그것을 두려워하지 않는 듯 행동해 보니 점점 더 두려움을 느끼지 않게 되었다. 이렇게 마음만 고쳐먹어도 누구나 나와 같은 경험을 하게 될 것이다.

시어도어 루스벨트

참 우스운 일

담대함은 용기를, 비겁함은 두려움을 낳는다.[i]
결국 두려움 자체를 두려워하는 것보다 우스운 일은 없다.[ii]

돈을 잃은 자는 잃은 것이 거의 없고,
건강을 잃은 자는 그보다 많은 것을 잃은 것이나,
용기를 잃은 자는 전부를 잃은 것이다.[iii]

[i] 푸블릴리우스 시루스
[ii] 앙리 포코니에
[iii] 작자 미상

첫발을 내디디려면

실제로
인생에서의 모든 위대한 일은
신념에서 시작되고,
신념 위에서
첫발을 내딛게 된다.[i]

물론 신념이 있다 해도
해낼 수 있는 일은 매우 적다.
하지만 신념이 없다면
그 어떤 일도 해낼 수 없다.[ii]

i 아우구스트 폰 슐레겔
ii 새뮤얼 버틀러

자기를 믿지 못하는 병

태양과 달이 스스로의 존재를 의심한다면
둘 다 곧 사라져 버릴 것이다

시인으로서, 나도 윌리엄 블레이크처럼 이런 시를 쓸 수 있다면 얼마나 좋을까 생각한다. 교수로서 나는 어떤 일이든 시작하기를 힘들어 하는 학생들을 격려하기 위해 종종 이 시를 활용했다. 자신에 대한 믿음은 다른 모든 믿음의 기반이다. 그 믿음이 부족하면 삶은 마비될 수 있다.

물론 긴장되는 순간이 있는 것은 당연한 일이다. 대중 앞에서 연설을 해 본 사람이라면 누구나 연설 직전 두려움에 사로잡힐 수 있다는 것을 알고 있다. 연기를 잘하는 배우도 막이 오르기 직전에 가장 긴장한 상태가 된다. 공연 중 대사를 잊어버리거나, 뭔가가 잘못될지 모른다는 두려움이 항상 존재하지만, 보통은 아무런 문제 없이 연극이 진행된다.

사람은 누구나 무언가를 성취해 내고자 할 때, 처음에는 자신감이 부족할 수밖에 없다. 군사작전을 처음 시작할 때나, 시를 쓰기 위해 구조를 잡아 나갈 때, 세일즈맨이 첫 판매를 시도할 때를 생각해 보라. 이때 우리가 불안감에 굴복해 버린다면, 그 어떤 일도 이뤄 낼 수 없을 것이다.

스스로에 대한 의심은 주변 사람을 의식하는 데서 비롯된다. 그들의 칭찬이나 비난을 지나치게 중요시하기 때문이다. 우리는 자신이 할 수 있는 것보다 더 완벽해 보이는 목표를 세우고 그것을 달성하지 못해 괴로워한다.

하지만 완벽주의는 불완전한 세계에서 매우 위험한 정신 상태이다. 가장 좋은 방법은 의심을 버리고 당면한 과제에 임하는 것이다. 무슨 일을 하고 있다면, 그 결과는 미래에 맡겨두라. 만약 당신이 최선을 다하고 있다면 실패를 걱정할 시간 따위는 아마 없을 것이다.

로버트 힐리어

인생 아포리즘 1

사랑하고 승리하는 것이 최선이며,
사랑하고 잃는 것이 차선이다. [i]

나이 들어 생기는 주름은 어쩔 수 없지만,
마음에는 주름이 생기지 않게 하자.
영혼은 결코 늙지 않을 테니. [ii]

신념을 가지고 있지 않는 한,
그 누구에게도 신념을 줄 수 없다.
스스로를 설득하지 않는 한,
다른 사람을 설득시킬 수 없다. [iii]

비록 진실이 우리 시야에서 가려져 있고
그 가는 길에 수많은 어려움이 놓여 있다 하더라도,
인간이 진실을 찾아내려는 호기심으로
가득 차 있지 않다면
이를 두고 진실로 완전성을 지닌
존재라 말할 수 있을까?[iv]

i   윌리엄 메이크피스 새커리
ii 제임스 가필드
iii 매튜 아널드
iv 해럴드 R. 메디나

벼룩과 용기

용기는 두려움에 대한 저항이자 극복이지 두려움이 없는 상태를 말하는 게 아니다. 누군가가 조금도 겁을 먹지 않는다고 해서 이를 두고 용감하다고 말하는 것은 칭찬이 아니다. 이는 그저 용기라는 단어를 잘못 사용하는 것에 불과하다. 벼룩을 한번 생각해 보라! 만일 두려움을 모르는 상태가 용기라면, 벼룩이야말로 신이 창조한 피조물 중 (무엇과도 비교할 수 없는) 가장 용감한 존재이지 않겠는가. 벼룩이라는 녀석은 당신이 잠들어 있거나 눈을 뜨고 있거나 상관하지 않고 태연하게 공격한다. 그 덩치나 힘을 생각해 보면 이는 마치 젖먹이 아이가 전 세계 군대를 상대하는 것과 같지만, 벼룩은 그런 일에는 좀처럼 신경 쓰지 않는다. 벼룩은 낮이나 밤이나 위험과 죽음 한가운데 있지만 천년 전 대지진이 일어나기 직전까지 거리를 활보하던 인간처럼 태연한 얼굴을 하고 있다. 클라이브[*]나 넬슨, 퍼트넘[†]을 "두려움을 몰랐던" 사람이라고 말할 때, 우리는 반드시 이 목록에 벼룩을 추가하고 가장 선두에 세워두어야 한다.

마크 트웨인

[*]   클라이브(Clive) : 영국의 군인이자 정치가. 인도의 영국령 식민지화의 중심 인물
[†]   퍼트넘(Putnam) : 미국 독립전쟁에서 활약한 장군

그 많은 재능에도 불구하고

많은 재능을 가지고 있음에도 불구하고 약간의 용기가 없어서 그 재능을 묻어 버리는 이들이 많다. 이들이 과감하게 시작할 용기만 가졌더라면 유명해졌을지도 모른다. 인정받고 싶다면 추위나 위험이 두려워 겁에 질린 채 물러서서는 안 된다. 최대한 빠르게 그 일에 뛰어들어 해치워야 한다. 끊임없이 위험을 따져 보거나 적절한 기회가 오기만을 기다리고 있다가는 결코 그 일을 해낼 수 없다. (인간의 수명이 수백 년에 달하고) 모든 일이 여유로웠던 노아의 대홍수 이전이라면 150년 후의 사업에 대해 친구와 상의도 하고, 그 성과를 확인할 때까지 살아남을 수 있었을 것이다. 하지만 지금처럼 분주한 사회에서 일을 시작할지 말지 망설이거나 친척이나 친구와 이런저런 의논만 하고 있다가는 어느샌가 나이 육십이 되어, 아무 성과도 얻지 못하고 심지어 남들의 충고를 따를 시간조차 없음을 깨닫게 될 것이다.

시드니 스미스

열정을 키운다면

자녀에게 열정을 남겨 주고
생을 마감하는 사람은,
무엇과도 비할 수 없는
자산을
전해 주고 떠나는 것이다.[i]

열정만큼 전파력이 강한 것도 없다. 오르페우스의 신화처럼, 열정은 바위를 움직이고 짐승을 길들인다. 열정은 신실함의 특징이며, 열정 없이는 승리를 쟁취해 내지 못한다.[ii]
우리를 행복하게 만드는 데 정말 필요한 것은 바로 열정을 가질 대상이다.[iii]
사람들에게 영향력 있는 이가 되고 싶다면 열정을 기르라. 열정적인 삶을 산다면 다음과 같은 이유로 사람들이 당신을 더 좋아하게 될 것이다. 당신은 판에 박힌 지루한 일상을 사는 기계적인 존재에서 벗어나게 될 것이며, 그 어디에 있든 앞서 나갈 것이다. 자신의 일에 영혼을 불어넣으면 하루의 모든 시간이 더욱 행복해질 뿐 아니라, 발전기를 직접 본 사람들이 전기를 믿게 되는 것처럼 사람들은 당신을 믿게 될 것이다.[iv]

천재란 강렬히 열망하는 자이다.

불독이 온 힘을 모아

고양이를 쫓듯

자신의 목표를 향해

맹렬히 매진하는 자이다.[v]

i   토머스 에디슨
ii 에드워드 불워 리턴
iii 찰스 킹즐리
iv 조너선 오그던 아머
v   W. C. 홀먼

세상을 정복하는 것

장점은 자신감을 불러일으키고,
자신감은 열정을 불러일으키며,
열정은 세상을 정복한다.[i]

남녀를 불문하고 열정이 있는 사람에게는 사람의 마음을 자
석처럼 끌어당기는 힘이 있다.[ii]
매사에 진심을 다하라. 열정은 또 다른 열정을 불러일으킨
다.[iii]
"난 침을 튀겨가며 열정적으로 말하는 사람이 좋다. 가만히
있는 진흙 웅덩이가 되기보다 온천처럼 그 열정을 분출시키
는 사람이 되어라."[iv]

i 월터 H. 코팅엄
ii H. 에딩턴 브루스
iii 러셀 콘웰
iv 존 셰드

북풍의 이유

역경은 진리로 가는 첫 번째 길이다. 전쟁이나 폭풍, 혹은 누군가의 격렬한 분노 앞에서 스스로를 증명해 낸 이는, 그가 보낸 겨울이 열여덟 번이든 여든 번이든 상관없이 인생에서 아주 중대한 경험을 쟁취해 낸 것이다.[i]

"북풍이 바이킹을 만들었다." 이는 북유럽의 속담이다. 이 속담은 우리의 생활 태도를 위한 일종의 슬로건이라 할 수 있다. 과연 별문제 없고, 안전하고 편안한 환경이 언제나 사람들을 행복하게 만들어 왔다고 할 수 있을까? 자신을 불쌍하게 여기는 사람은 소파 위에 편안히 누워 있으면서도 계속해서 자신을 불쌍히 여긴다. 역사를 들여다보면 그 어떤 환경을 마주하더라도 자신의 삶에 책임을 지는 사람에게 행복이 찾아왔다. 그러니 "북풍이 바이킹을 만들었다"라고 말할 수 있는 것이다.[ii]

---

i 바이런 경
ii 해리 에머슨 포스딕

슬기로운 실패 사용 설명서

모든 실패는 성공을 향한 한 걸음이다. 잘못된 게 무엇인지 알게 될 때마다 한 걸음씩 진실을 향해 나아가게 되며, 실패를 경험할 때마다 앞으로 겪을 실패가 하나씩 줄어들게 된다. 그뿐 아니라 무언가를 시도했을 때 완전하게 실패로 끝나는 경우도 좀처럼 없다. 또한 진지하게 생각한 이론이라면, 그게 어떤 이론이든 완전히 잘못된 경우는 없다. 어쩌다 실패할지는 모르지만 분명 그 안에는 진실을 탐구함으로써 얻는 매력이 숨어 있다.[i]

실패란 어떤 의미에서는 성공으로 가는 고속도로와도 같다. 잘못된 것을 알게 될 때마다 무엇이 진실인지를 간절히 찾게 만들기 때문이다. 그리고 모든 새로운 경험은 나중에 우리가 조심스럽게 피해야 할 오류가 무엇인지를 알려 준다.[ii]

i 윌리엄 휴얼
ii 존 키츠

어둠이 없다면

패배란 무엇인가?
패배란 교육에 지나지 않는다.
더 나은 곳으로 가는 첫걸음이다.[i]

빛으로 인해 우리는 사물을 볼 수도,
보지 못할 수도 있다.
어둠과 땅의 그림자가 없다면
창조 세계의 가장 고귀한 부분은
가려진 채 그저 거기 있을 것이고,
하늘의 별들도 보이지 않을 것이다.[ii]

패배는
뼈를 단단하게 단련시키고
연골을 근육으로 바꾼다.
우리를 꺾이지 않는 존재로 만든다.[iii]

i 웬델 필립스
ii 토머스 브라운 경
iii 헨리 워드 비처

3

인생은 결국
내 생각의 결과

90:10의 법칙

우리 인생에서 약 90퍼센트의 일은 옳고, 나머지 약 10퍼센트 일은 그르다. 행복해지기를 바란다면 바로 90퍼센트의 옳은 일에 집중하고, 10퍼센트의 그른 일을 무시해야 한다. 반대로 걱정과 근심에 둘러싸이거나 위궤양이 생기길 바란다면 10퍼센트의 그른 일에 집중하고, 90퍼센트의 영광스러운 일을 무시하기만 하면 된다.

데일 카네기의 인생 조언 1

우리의 피로감은 일 때문이 아니라, 종종 걱정이나 좌절, 분노에 의해 생긴다.

왕의 모든 말과 왕의 모든 신하들의 힘으로도 지나간 과거를 다시 조립해 복구시킬 수는 없다. 그러니 기억하라. 톱밥을 또다시 톱질하려 하지 마라. 이미 지나간 일이다.

잠이 오지 않는다면, 자리에 누워 걱정하는 대신 자리를 박차고 일어나 무슨 일이든 하라. 당신을 괴롭히는 것은 수면 부족이 아니라 바로 걱정이다.

인생은 진정 부메랑 같은 법. 베푼 대로 거둔다.

나의 증오는 오히려 원수를 춤추게 한다

적을 미워하면, 우리는 수면, 식욕, 혈압, 건강, 심지어 행복에 대한 권한까지 적에게 넘겨주게 된다. 만약 그 적들 때문에 우리가 이렇게 걱정하고, 상처 입고, 괴로워하고 있다는 것을 그들이 알게 된다면, 그들은 분명 기뻐서 춤을 출 것이다! 우리가 아무리 상대를 미워한다고 해도 그들에게는 전혀 영향이 미치지 않는다. 오히려 우리 자신의 낮과 밤만 지옥 같은 혼란 상태로 변할 뿐이다.

결국 이 일이 일어날 확률은
얼마나 되는가?

자신의 걱정거리에 "손실을 멈추라"고 명령하라. 그 걱정이 얼마나 가치 있는지를 판단하고, 그 가치 이상은 거절하라.

하찮은 일을 두고 호들갑 떨지 마라. 흰개미처럼, 인생에서 아주 사소한 것들이 당신의 행복을 망가뜨리게 가만두지 마라.

"법은 사소한 일에는 관여하지 않는다(De minimis non curat lex)"라는 유명한 법언(法諺)이 있다. 걱정하는 자들도 마음의 평안을 원한다면 이 법언을 따라야 한다.

걱정을 날려 버리려면 '평균의 법칙'을 활용하라. 스스로에게 이렇게 물으면 된다. "결국 이 일이 일어날 확률은 얼마나 되는가?"

문제를 잘 해결하려면

사실을 파악하라. 공정한 태도로 모든 사실을 수집하기 전까지는 문제를 해결하려는 시도조차 하지 마라.

비록 씁쓸한 현실일지라도, 눈앞의 사실에 주목하고 결정을 내려라. 일단 결정을 내린 뒤에는 그 일을 실행하는 데 모든 시간을 투자하라. 그 결정의 옳고 그름을 걱정하는 데 시간을 보내지 말고, 반드시 그 일을 성공시켜라!

1년 전
그렇게 걱정했던 것들을 기억하는가

최악의 상황을 받아들일 때 우리는 더 이상 잃을 게 없어진다. 이는 자동적으로 우리가 모든 것을 얻게 되었음을 의미한다.

1년 전 걱정했던 일들에 대해 기억하는가? 그 일들은 어떻게 되었는가? 대부분은 애써 사용한 에너지만 아깝지 않았는가? 결국 그 걱정들의 대부분은 별것 아니지 않았는가?

위대한 철학자들이 걱정에 관해 쓴 글 중에서 다음 두 문장보다 더 심오한 것은 없을 것이다. "다리에 도착하기 전까지는 그 다리를 건너지 마라." "엎질러진 물 때문에 한탄하지 마라."

세월이 지난 뒤 깨달은 것

어렸을 때 나는 미주리 주의 한 농장에서 자랐다. 어느 날 어머니를 도와 체리 씨 발라내는 작업을 하다가 나는 그만 울기 시작했다. 어머니가 물으셨다. "데일, 왜 갑자기 우는 거니?" 나는 엉엉 울면서 이렇게 대답했다. "살아 있는 채로 땅에 묻히게 될까 봐 무서워서요!"

그 시절 나는 수많은 걱정에 휩싸여 있었다. 뇌우가 불어닥칠 때는 번개에 맞아 죽을까 봐 걱정했다. 벌이가 충분하지 않을 때는 먹을 것이 부족할까 봐 걱정했다. 죽으면 지옥에 갈까 봐 걱정했다. 샘 화이트라는 동네 형을 보면 그가 겁주던 대로 내 커다란 귀를 진짜로 잘라 버릴까 봐 걱정했다. 여자 아이들에게 모자를 들어 올려 인사를 하면 그 애들이 나를 보고 비웃지 않을까 걱정했다. 그 어떤 소녀도 나와 결혼할 생각이 없을까 봐 걱정했다. 결혼하고 나서 곧바로 아내에게 무슨 이야기를 해야 할지 걱정했다. 그리고 어느 시골 교회에서 결혼하게 될 나와 내 아내의 모습과, 결혼식이 끝난 후 술이 달린 4륜 마차를 타고 농장으로 돌아오는 모습을 상상했다. 그런데 어떻게 하면 마차 안에서 대화를 계속 이어나갈 수 있을까? 도대체 어떻게? 나는 땅을 뒤흔들 만한 이 엄청난 문제들 놓고, 쟁기 뒤에서 왔다갔다하며 한 시간 동안이나 고민하고 고민하고 또 고민했다.

세월이 지난 뒤, 내가 걱정했던 일들의 99퍼센트는 결코 일어나지 않았음을 나는 알게 되었다.

기억하라, 기억하라

기억하라, 언젠가 불행의 먹구름이 당신을 덮친다면, 당신은 단지 당신 앞에 놓인 과제를 감당할 수 없는 것이라고 느끼고 있는 것뿐이며, 그 느낌만 극복해 낸다면 불행은 사라질 가능성이 매우 높다는 사실을.

기억하라, 행복은 회전하는 표지등처럼 왔다가 금방 사라진다는 사실을. 행복은 잠시 밝게 번쩍이다 곧 사라진다. 만약 그것이 계속해서 빛난다면 당신은 더 이상 행복에 감사하지 않을 것이다.

철학적으로 행동하라!

원하는 것을 다 가질 수 없다고 해서, 걱정과 분노로 우리의 나날들을 망치지는 말자. 스스로에게 잘해 주자. 그리고 철학적으로 행동하자. 에픽테토스에 따르면 철학은 이렇게 요약된다. "철학의 본질은, 자신의 행복이 외부적인 것에 가능한 한 적게 의존하도록 살아야 한다는 것이다."

그럼에도 불구하고
노력해야 하는 두 가지 이유

레몬을 레모네이드로 바꿀 수 있는 희망이 없다고 느껴져 지금 매우 낙담해 있는 상태라고 가정해 보자. 이럴 경우라도 노력해야 하는 이유가 두 가지 있다. 이 두 가지 이유는 우리가 왜 무엇이든 얻을 수 있는지, 그리고 왜 우리는 더 잃을 것이 없는지를 말해 준다.

첫 번째 이유, 우리는 성공할 것이기 때문이다.

두 번째 이유, 비록 성공하지 못하더라도, 마이너스 상태를 플러스 상태로 바꾸려는 시도 자체가 과거에 매몰되는 대신 미래를 향하게 만들 것이기 때문이다. 즉 이러한 시도는 부정적인 생각을 긍정적으로 바꿀 것이며, 창조적인 에너지를 이끌어 낼 것이다. 또한 우리가 이미 지나간 일들에 대해 후회할 시간이나 분위기 자체를 갖지 않도록 우리를 바쁜 상태로 몰아갈 것이기 때문이다.

미워하지 마라, 에너지 낭비다

미움은 열심히 일할 때나 아플 때, 혹은 그럴 만한 걱정을 할 때보다 훨씬 더 많은 에너지를 소모시킨다. 그러니 마음속으로 미움이 들어오려고 하면, 곧바로 이를 내쫓고 그 대신 기분 좋은 생각이 들어오도록 자리를 마련하자. 그리고 신께서 주신 귀중한 에너지를, 가치 있는 것을 위해 아껴 두자.

한 사람은 불행한데
다른 한 사람은 행복한 이유

행복이나 불행은 당신이 소유하고 있는 것으로 결정되는 게 아니다. 당신이 누구인지 혹은 어디에 있는지, 무엇을 하고 있는지에 따른 것도 아니다. 그것은 당신이 행복과 불행에 대해 어떤 생각을 하느냐에 달려 있다. 같은 곳에서 똑같은 일을 하고 있는 두 사람이 있다. 그 둘은 동일한 재산과 지위를 갖고 있지만, 한 사람은 불행한 반면 다른 이는 행복하다. 이들의 마음가짐이 다르기 때문이다.

자신이 지닌 모든 것에 감사하는 마음으로 하루하루를 시작하라. 우리의 미래는 거의 대부분 지금 우리가 하는 생각에 의해 결정된다. 그러니 희망과 자신감, 사랑, 성공에 대해서만 생각하라.

매달 나를 찾아오는 것

행운은 매달 찾아온다. 하지만 준비가 되지 않은 상태에서는 그 행운을 알아보지 못하고 놓쳐 버린다. 이번 달의 행운은 과연 무엇일지 놓치지 말고 잘 살펴보라.

기회가 눈앞에 나타났을 때, 이것을 붙잡는 사람은 열에 아홉 성공한다. 하지만 스스로의 힘으로 기회를 만들어 내는 사람은, 그것이 우연이 아니라면, 반드시 성공한다

우리 대부분의 문제는 기회가 다가와도 눈을 감고 있다는 것이다. 기회를 찾아 나서는 사람도 드물고, 우연히 발견하게 되더라도 이를 잘 알아차리지 못한다.

글쎄, 난 그런 생각에 회의적이다

많은 이들이 자신이 다른 곳에 살거나, 혹은 다른 직업을 가지고 있다면 행복할 거라고 생각한다. 글쎄, 난 그런 생각에 회의적이다. 자신이 지금 하고 있는 일에서 최대한 행복을 얻어 내라. 그리고 행복을 미래의 일로 미뤄 두지 마라.

천국은 너희 안에 있다.
그러면 지옥은?

오직 환경만으로 우리가 행복해지거나 불행해지지는 않는다. 행복과 불행은, 우리의 감정에 영향을 미치는 환경에 우리가 어떻게 반응하느냐에 달렸다. 예수는 천국은 너희 안에 있다고 말씀하셨다. 이는 지옥 또한 마찬가지이다.

생각을 바꾸면 일어나는 기적

나는 사람이 생각을 바꾸면 걱정과 두려움은 물론 여러 가지 질병도 떨쳐 버릴 수 있고, 삶 전체를 변화시킬 수 있다는 것을 너무나 잘 알고 있다. 다시 말하지만 나는 이를 분명히 알고 있다! 이렇듯 믿을 수 없는 변화를 수백 번은 봐 왔기 때문이다. 너무나 자주 봐 왔기에 이젠 더 이상 놀랍지도 않다.

우리가 해결해야 할 유일한 문제

내가 확신하는 바, 우리에게 가장 중요한 문제는 바로 올바른 생각을 선택하는 것이다. 이것이 바로 우리가 해결해야 할 가장 큰 문제이자, 유일한 문제이다. 올바른 생각을 가질 수 있다면, 우리는 이미 우리의 모든 문제를 풀 수 있는 확실한 길에 들어선 것이다.

우리가 이 세상에서 찾고 있는 가장 중요한 것은 바로 행복이다. 비록 건강이 행복에서 중요한 비중을 차지하기는 하지만, 전적으로 건강이나 돈, 명예에 의해 행복이 결정되는 것은 아니다. 하지만 행복을 결정하는 단 한 가지 중요한 요소가 있다. 바로 우리의 생각이다. 원하는 것을 갖지 못했는가? 그렇다면 이미 가진 것에 감사하라. 우리를 화나게 만드는 작은 일들에 불평을 늘어놓기보다 이미 가진 커다란 것들이 얼마나 감사한지를 계속해서 생각하라.

북쪽 숲에서 배운 지혜

그 어떤 사람도 결코 피할 수 없는 일과 맞서 싸우면서 그와 동시에 새로운 인생을 창조할 만큼 감정과 활력을 충분히 가질 수는 없다. 피할 수 없는 인생의 진눈깨비 폭풍 앞에서는 몸을 굽히거나, 이에 저항하다가 꺾여 버리거나, 둘 중 하나를 선택해야만 한다.

나는 미주리 주 농장에서 이 진리를 직접 확인했다. 나는 농장에 수십 그루의 나무를 심었는데 나무들이 엄청나게 빠른 속도로 자랐다. 그런데 어느 날 진눈깨비 폭풍이 불어닥쳐 나뭇가지와 잔가지를 모두 얼음으로 두껍게 뒤덮어 버렸다. 나무들은 짊어진 얼음의 무게 앞에서 우아하게 고개를 숙이는 대신, 거만하게 그 무게에 저항하다가 부러지고 갈라져 결국 죽어 버렸다. 이 나무들은 북쪽 숲의 지혜를 배우지 못했다. 나는 수백 마일 떨어진 캐나다의 상록수림을 여행해 봤지만, 진눈깨비나 얼음 때문에 부러진 가문비나무나 소나무를 단 한 번도 보지 못했다. 이 상록수 숲은 고개를 숙이고 나뭇가지를 굽혀 가며 피할 수 없는 상황과 협력해 살아가는 방법을 알고 있었다.

닥쳐오는 온갖 역경 앞에서

우리에게 닥쳐오는 온갖 역경 앞에서 그냥 고개 숙인 채 그 운명을 받아들이라고 할 것 같은가? 결코 그렇지 않다. 이는 숙명론에 지나지 않는다. 우리에게 상황을 구해 낼 기회가 있는 한, 반드시 싸워 이기자! 하지만 아무리 생각해도 상식적으로 막아 낼 수 없는 일이라는 것을 알게 된다면? 그땐 정신을 바짝 차리고 "앞뒤를 걱정하며 일어나지도 않은 일에 대해 슬퍼하지 말도록" 하자. 상황을 받아들이자!

앞으로 수십 년 동안, 우리는 불쾌한 상황들을 수없이 마주하게 될 것이다. 이 상황들이 결코 유쾌해지기는 어렵다. 우리는 자신만의 선택을 해야 한다. 이 상황을 불가피한 것으로 받아들이고 자신을 그것에 적응시킬 것인지, 아니면 그 상황에 저항하며 버티다가 자기 삶을 망쳐버리거나 신경쇠약에 걸릴 것인지를 말이다.

불운이 닥쳤을 때 그 긴장감을 완화하려면 행복은 상대적이라는 사실을 기억하라. 불평하고 싶은 일이 생기면, 잠시 멈춰 서서 그보다 더 나쁜 일이 생기지 않았음에 기뻐하라.

언제든 나쁜 것을
잊어버리는 기술

행복한 생각을 하면, 행복해질 것이다. 비참한 생각을 하면, 비참해질 것이다. 두려움에 대해 생각하면, 두려워질 것이다. 아플 거라 생각한다면, 아마도 병이 생길 것이다. 실패에 대해 생각한다면, 분명 실패할 것이다. 자기 연민에 빠져 있다면, 사람들은 우리를 멀리하고 피하고 싶을 것이다.

마음속에서 악의나 불신, 불친절함을 불러일으키는 모든 것을 잊어버리자. 우리는 언제든 나쁜 것을 잊어버리는 연습을 할 수 있다. 어떻게? 바로 우리 마음속으로 기어들어 오려고 하는 생각을 허락하지 않는 것이다. 오직 친절하고, 관대하며, 행복하고, 자신에게 도움이 되는 생각만 하면, 악의적인 생각이 우리 마음에 들어설 자리가 없을 것이다. 그러면 우리의 삶은 만족감으로 가득 차게 될 것이다.

우리가 몰랐던 피곤함의 이유

온종일 일터에서 짜증을 내며 보냈을 때보다 예의 있고 유쾌하게 일하다가 퇴근했을 때 피로감을 덜 느낀다는 사실을 알고 있는가? 유쾌함과 가벼운 웃음은 긴장감을 덜어 준다. 우리를 피곤하게 만드는 것은 일이 아니라 우리의 정신적 태도이다. 이 사실을 기억하고 한번 시도해 보라.

일곱 가지 행복의 기술

행복해질 거라고 마음먹고 그것을 고수하기만 해도 행복해질 수 있다는 사실을 알고 있는가? 행복은 소유나 성취의 정도가 아니라 우리의 마음가짐에 달려 있다. 우선, 자신만의 인생철학을 만들어야 한다. 다른 사람의 말이나 행동이 우리의 신념에 영향을 미칠 정도로 힘을 발휘하게 허락하지 마라.

두 번째, 불행하다는 느낌이 들 때는 날 좋은 하루를 골라 산책하면서 아름다운 장소를 다녀오라. 주변에 있는 사랑스러운 것들에 대해 생각하라. 이렇게 하면, 그 순간만큼은 내가 완전히 불행하다는 느낌이 들 수가 없다. 그리고 바로 그 순간이 우리의 하루, 혹은 한 주, 혹은 한 달, 아니면 평생의 패턴을 결정할지도 모른다.

세 번째, 아름다운 시 한 편을 골라 읽고, 아름다운 음악을 들어라.

네 번째, (이번 단계가 가장 강력한 영향을 미칠 것이다.) 다른 사람을 위해 친절한 행동을 하라.

다섯 번째, 집이 잘 정돈되어 있는지 보고 깔끔하고 아름답게 정리하라.

여섯 번째, 가능한 몸을 건강하게 가꾸어라. 류머티즘이나 관절염, 신경염, 고혈압 등 만성 질환이 될 수 있는 다양한 질병이 생기도록 내버려 둬서는 안 된다. 건강을 무시하는 일은 스스로에게 전혀 신경 쓰지 않는 것이다.

일곱 번째, 취미를 가져라. 평소 관심을 갖고 있던 뭔가를 취미로 만들어라.

인생은 결국
내 생각의 결과

온종일 자신과 이야기를 나눔으로써 스스로 용기와 행복, 힘과 평화에 대한 생각을 고취시킬 수 있다. 자기 자신과 감사해야 하는 일들에 대해 이야기해 보면, 힘이 솟아오르고 노래가 절로 흥얼거려질 만한 좋은 생각들로 마음이 가득해진다.

하루하루 자신에게 응원의 말을 하는 것이 어리석고 피상적이며 유치한 일이라고 생각하는가? 전혀 그렇지 않다. 오히려 이 방법이야말로 심리학을 제대로 응용하는 것이다. 마르쿠스 아우렐리우스는 자신의 저서 《명상록》에서 이렇게 저술했다. "인생은 결국 그 사람의 생각이 만들어 낸 결과이다." 1800년 전 기록된 이 명언은 오늘날에도 여전히 유효하다.

과거 활용법

과거를 건설적으로 활용할 수 있는 유일한 방법은 이것이다. 과거의 실수를 차분히 분석해 보고, 이를 통해 취할 건 취한 다음, 그 과거는 잊어버리는 것이다.

하얀 여왕의 이상한 규칙

루이스 캐럴의 소설 《겨울 나라의 앨리스》에 나오는 하얀 여왕의 말을 기억할 것이다. "규칙상 내일의 잼(jam)과 어제의 잼이 있을 뿐이야. 오늘의 잼은 없어." 우리 대부분 역시 이 규칙을 따르고 있다. 우리는 오늘, 바로 지금 내 앞에 있는 빵에 두껍게 잼을 펴 바를 생각은 하지 않는다. 어제의 잼에 대해 마음 졸이고 내일의 잼에 대해 걱정만 하고 있을 뿐이다.

저 지평선 너머만 꿈꾸는 자들

인간에게 있어서 가장 비극적인 일은
우리 모두가 현재의 삶을 보류한다는 사실이다.
우리는 지금
창밖에 피어나고 있는 장미를 감상하는 대신
저 지평선 너머에 있는
마법의 장미 정원만 꿈꾸고 있다.

과거와 미래의 교차점에서

당신과 나는 지금 이 순간 두 영원이 만나는 교차점에 서 있다. 영원히 지속되는 광대한 과거와 역사의 마지막 음절을 향해 달려가고 있는 미래가 만나는 길 위에 서 있는 우리는, 두 영원 중 어느 한쪽에서도, 단 1초조차 살 수 없다. 하지만 두 영원 중 어느 한쪽에서 살고자 애쓰다 보면 우리의 몸과 마음은 모두 망가질 수 있다. 그러니 지금부터 잠자리에 들 때까지, 우리가 유일하게 살 수 있는 현재라는 시간을 사는 것에 만족하자.

그렇다면 내일을 생각하는 건 쓸데없는가?

무슨 일이 있어도 반드시
내일에 대한 생각을 해야 한다.
주의 깊게 생각하고 계획하고 준비하라.
단, 두려움은 갖지 마라.

오늘이라는 하루는

오늘이 바로 인생, 당신이 유일하게 확신할 수 있는 인생의
날이다. 오늘이라는 하루를 최대한 활용하라. 무슨 일에든
관심을 갖고, 늘 깨어 있어라. 취미를 계발하고, 열정의 바람
을 불러일으켜라. 신바람 나는 하루를 살아라.

오늘이라는 날은 쓰디쓴 걱정과 심장을 찌르는 듯한 후회로
썩혀 버리기에는 너무 소중한 날이다. 고개를 높이 들고 봄
날 햇살에 산속 개울물이 반짝이듯 빛나는 생각을 하자. 오
늘이라는 기회를 꼭 붙잡아야 한다. 다시는 돌아오지 않을
날이니.

참 이상하지 않은가!

참 이상하지 않은가.
우리는 행복이 우리를 스쳐
지나가기 전까지는
좀처럼 이를 알아차리지 못한다.
행복이
바로 우리 앞에 와 있을 때조차
그것을 거의 알아채지 못한다.

인간은 살아가기 위한 존재

우리가 인체나 전기, 가스 기관 등의 신비에 대해 이해하지 못한다고 해서 그것을 이용하거나 즐길 수 없는 것은 아니다. 마찬가지로 내가 기도와 종교의 신비에 대해 이해하지 못한다고 해서 종교가 가져다주는 더 풍족하고 행복한 삶을 살 수 없는 것도 아닌 것이다. 마침내 나는 스페인 철학자 조지 산타야나가 남긴 지혜의 말을 이해하게 되었다. "인간은 삶을 이해하기 위해 만들어진 존재가 아니라, 살아가기 위해 만들어진 존재이다."

베풀라! 내면의 기쁨을 위해

행복을 찾기 원한다면, 내가 누군가에게 뭔가를 베풀었을 때 감사를 받을 수 있느냐를 놓고 고민하지 마라. 오직 내면의 기쁨을 위해 베풀라.

내일 당신이 만나게 될 사람들의 넷 중 셋은 상대의 공감에 굶주리고 목마른 이들이다. 그러니 그들에게 공감해 주라. 그들이 당신을 좋아하게 될 것이다.

4

긴 항해를 위한 지혜

일 잘하는 법

문제가 무엇인지
제대로 파악했다면
이미 절반은
해결된 것이나 다름없다.[i]

의사결정이 내려지고
이제 실행해야 할 순서가 되었다면,
다른 모든 생각은 떨쳐 버리고
오직 결과에만 집중하라.[ii]

i 찰스 케터링
ii 윌리엄 제임스

윌리엄 제임스의 감정 다스리기

기꺼이 있는 그대로 받아들여라. 일어난 일을 있는 그대로 받아들이는 것이 바로 그 어떤 불운한 일도 극복해 낼 수 있는 첫 번째 단계이다.[i]

행동이 감정에 의해 생겨나는 듯 보이지만, 실제로 행동과 감정은 동시에 일어난다. 그리고 의지의 직접적인 지배하에 있는 행동을 조절함으로써 인간은 의지에 지배받지 않는 감정을 자유롭게 조절할 수 있다. 따라서 우울해졌을 때 기분이 좋아지길 바란다면, 마치 이미 기분이 좋은 상태인 것처럼 말하고 행동하면 된다.[ii]

힘든 일로 고통받고 있는가. 그렇다면 자신의 심리적 태도를 두려움에서 투쟁으로 바꾸라. 그렇게 하면 힘든 일이 오히려 강장제와 같은 역할을 해 줄 것이다.[iii]

i~iii 윌리엄 제임스

운명이 시시각각 변화해도

물결 이는 수면이 요동을 쳐도 바닷속 깊은 곳에는 영향을
주지 않는다. 바다보다도 광대하고 영속적인 현실을 파악하
고 있는 자는 자기 자신의 운명이 시시각각으로 변화해도 그
리 중요하게 여기지 않는다. 진실로 종교적인 사람은 이에 흔
들리지 않고 평정심으로 가득 차 있다. 그날 일어날 그 어떤
일에도 차분히 준비되어 있는 사람이다.

윌리엄 제임스

'지금'의 힘

지금 무엇을 해야 하는지
알고 있기만 하다면,
다른 때와 마찬가지로
지금 역시 아주 좋은 기회이다. [i]

항상 현재의 시간을 꼭 붙들어라.
시시각각,
일분일초는
무한한 가치를 지니고 있다.
나는 단 한 장의 카드에
올인하는 사람처럼
현재에 모든 것을 걸어 왔다.
그리고 있는 그대로의 현재를
가능한 값비싼 것으로 만들기 위해
노력해 왔다. [ii]

---

i 랠프 월도 에머슨
ii 요한 볼프강 폰 괴테

나의 종교 낙관주의

나는 믿는다. 그리고 그 무엇도 나의 믿음을 방해할 수 없다.
우리 모두가 최고라고 숭배하는 질서, 운명, 위대한 영혼, 자
연, 신 같은 힘이 내게 전해져 온다.
나는 이 힘을 모든 생명을 성장시키고 계속해서 나아가게 하
는 태양을 통해 느낀다. 설명하기 힘든 이 힘을 가진 이와 나
는 친구가 되었고, 곧 샘솟는 기쁨과 담대함을 느꼈다.
나는 하늘이 나를 위해 정해 둔 그 운명을 받아들일 준비가
되어 있다. 이것이 바로 낙관주의라고 하는 나의 종교이다.

헬렌 켈러

나폴레옹의 서랍

특별한 문제에 대해 생각하려고 할 때,
나는 서랍 하나를 연다.
마음속에서
그 문제가 정리되면,
나는 그 서랍을 닫고
또 다른 서랍을 연다.
잠을 자고 싶을 때면,

나는 다른 서랍도 마저 닫는다.

나폴레옹

밤에는 영혼의 옷을 벗으라

시인 조지 허버트*는 "밤에는 영혼의 옷을 벗으라"라고 말했다. 이는 자기반성을 하라는 것이 아니라 실제 옷을 벗어 버리듯 영혼을 벗어 버리라는 뜻이다. 고의든 실수든 그날 하루 저지른 실수나 죄를 옷을 벗듯 한 꺼풀 벗겨 내면, 다음 날 새로운 생명을 가진 자유로운 인간으로 깨어나게 될 것이다.[i]

내일 일에 도움이 될 수 있는 일을 제외하고는, 모든 과거가 침범하지 못하게 하라.[ii]

i~ii 윌리엄 오슬러 경

* 조지 허버트(George Herbert) : 영국의 종교시인

우리가 선택하는 대로

우리의 삶은 노래와 같다네

신은 글로 쓰셨고

우리는 그것을 기쁨의 음악으로 만들었다네

노래는 기쁨이 되고,

우리가 만들어 나가고자 선택하는 대로

달콤한 즐거움이나

슬픔이 되기도 한다네

엘라 휠러 윌콕스

단단히 결심하고 미친듯이 집중하라

스스로

무언가가 되겠다는 결심을 단단히 했다면,

이미 그 일은 반 이상 진행된 것이다.

성공하겠다는 자신의 결심이

그 어떤 것보다 중요하다는 사실을

항상 기억하라.[i]

한 번에 한 가지 일만 하라.

마치 나의 삶이 전적으로

그 일에 달려 있다는 마음으로.[ii]

i 에이브러햄 링컨
ii 유진 그레이스

그렇지 않아도 짧은 인생인데……

우리는 멀리 있는 것에 눈이 고정되어 있어서 가까이 있는 것을 간과하기 쉽다. 이처럼 미래의 이익에만 눈길을 빼앗기면, 지금 생겨난 기회뿐 아니라 이미 들어온 이익조차 눈에 들어오지 않게 된다. 그렇지 않아도 짧은 인생인데, 시간을 낭비하게 되면 인생은 더 짧아지지 않겠는가.[i]

황금같이 귀한 기회를 최대한 이용하고, 자신의 손이 닿을 수 있는 좋은 일을 붙잡아 내는 것. 이것은 인생에서 보여 줄 수 있는 위대한 예술 행위와도 같다.[ii]

i ~ ii 새뮤얼 존슨

좋은 걸 보는 습관

지금의 괴로움은
열두 달이 지나면
전혀 중요치 않게 보일 것이다.[i]

모든 일을 대할 때
그것의 가장 좋은 측면을 바라보는 습관을
연습해 익혀라.
이것이
연간 천 파운드를 버는 것보다
더 가치 있다.[ii]

i~ii 새뮤얼 존슨

당면한 것을 바라보기

인간은
자신에게 일어나는 일 자체보다,
무슨 일이 일어날 것인가에 대한 생각으로
더 괴로워한다.[i]

우리가 먼저 해야 할 일은
저 멀리 희미한 것이 무엇인지 바라보는 것이 아니라,
당면한 일을 해내는 것이다.[ii]

i 미셸 드 몽테뉴
ii 토머스 칼라일

죽은 과거, 살아 있는 현재,
어렴풋한 미래

그 밤은 음악으로 가득 차고
낮을 끊임없이 괴롭히던 근심은
아랍인들이 천막을 거두듯
조용히 사라질 것이다[i]

미래는 의지할 것 없이 다만 기쁜 것!
죽어 버린 과거로 그 죽음을 매장하게 하라!
오직 살아 있는 현재에 살라!
마음을 굳게 먹고, 하느님을 기대하며.[ii]

슬픈 눈으로 과거를 바라보지 마라. 과거는 다시 돌아오지
않는다. 그러니 현재를 잘 살아 나가는 것이 지혜이다. 현재
는 당신의 것. 두려움 없이, 담대한 마음으로 어렴풋한 미래
를 향해 나아가라.[iii]

i~iii 헨리 워즈워스 롱펠로

왕들에게는 어려운 일

내 왕관은 나의 머리가 아닌 마음에 있고,
다이아몬드와 인디언 스톤으로 장식된 것도,
남들에게 보여 주기 위한 것도 아니다. 내 왕관은 만족감이
   라 불리는 것.
왕들이 왕관을 만끽하기란 어려운 일.

윌리엄 셰익스피어

긴 항해를 위한 지혜

당신은 저기 보이는 거대한 외항선보다 훨씬 훌륭한 조직체이기에 더 긴 항해를 시작할 것이다. 출항하기에 앞서 당신이 이 항해를 무사히 마칠 수 있는 방법에 대해 조언하겠다. 긴 항해를 안전하게 마치려면 '오늘 하루로 꽉 차 있는 객실'에서 살아가기 위한 배의 기계장치 제어법을 익혀야 한다.

선교(船橋)*에 들어가서, 적어도 커다란 차단막이 제대로 작동하는지 살펴봐야 한다. 버튼을 누르고 귀를 기울여 보라. 인생의 모든 단계에서 강철 문이 '과거', 즉 지나 버린 날들을 차단하는 소리를 말이다. 그리고 또 다른 버튼을 눌러 '미래', 즉 아직 태어나지 않은 앞날들을 강철 문으로 막아 버려라. 이렇게 하면 당신의 오늘 하루만큼은 안전하다! 반드시 과거를 차단하라! 죽은 과거로 하여금 과거를 묻어 버리게 하라. 어리석은 자들을 비천한 죽음으로 인도한 어제를 쫓아내라. 어제의 무거운 짐에 내일의 무거운 짐을 얹어 오늘 짊어진다면 아무리 강한 사람이라 해도 비틀거릴 수밖에 없다. 과거나 미래를 모두 깨끗이 쫓아내자. 오늘이 바로 미래이며, 내일은 없다. 구원의 날은 바로 오늘이다. 미래를 걱정하는 사

---

* 선교(船橋) : 배의 선장이 항해나 통신 따위를 지휘하는 곳

람의 발걸음에는 정력 낭비, 정신적 고통, 걱정과 근심이 끈질기게 따라다닌다.

그러므로 앞뒤로 커다란 차단막을 단단히 내려야 한다. 그리고 '오늘 하루로 꽉 차 있는 객실'에 충실한 생활습관을 익혀나갈 준비를 해야 한다.

윌리엄 오슬러 경

일이 뜻대로 되지 않을 때

기회가 찾아올 때까지 나는
공부하며,
각오하며,
준비된 상태로 지낼 것이다.[i]

세상일이 다 자기 생각대로 이뤄지지는 않는다. 그러니 사소한 일은 묵묵히 받아들이는 법을 배우고, 과묵함을 재능으로 키워 내며, 고된 일이 몰아쳐도 크게 한 번 숨을 들이쉬고 성실함으로 무장하라. 자신의 불평이 먼지와 그을음이 되어 스스로를 괴롭히지 않도록.[ii]

i 에이브러햄 링컨
ii 윌리엄 오슬러 경

스스로를 죽이는 참 쉬운 방법

우리는 이럴 때 신에 대한 참된 믿음을 잃는다. 쓸데없는 걱정을 할 때, 미래를 고대할 때, 미래를 기대하면서 어떤 어려움이 다가오는지를 지켜볼 때, 무슨 일이 생기기도 전에 피할 방법부터 찾겠다고 스스로를 괴롭힐 때…….

앞으로의 일이 어떻게 될지도 모르는데 상상 속 위험이나 시련, 실패로 스스로를 괴롭힌다면, 우리는 두려움을 내쫓아주는 신의 완전한 사랑으로부터 멀어지게 된다.[i]

사람을 죽이는 것은 일이 아니라 걱정이다. 지나친 걱정은 결국 칼날을 녹슬게 만든다. 기계가 망가지는 것은 끊임없이 회전하기 때문이 아니라, 끊임없이 마찰하기 때문이다.[ii]

i~ii 헨리 워드 비처

중요한 것은 무엇인가

얼마나 많은 것을 알고 있는지가 아니라
알고 있는 바를 활용할 줄 아는지가,
어떤 교육, 어떤 훈련을 받았는지가 아니라
그가 어떤 사람이며 어떤 일을 할 수 있는지가,

그래 그것이 중요하다.

조시아 G. 홀랜드

그리 해 주길 원하는 대로

다른 사람들에게 친절하고 진실하라
다른 사람들이 그대에게 그리 해 주길 원하는 대로
그리고 다시는 그렇게 대접받고 싶지 않은 것을
남들에게 행하거나 말하지 마라

아이작 와츠

뒤돌아보지 마라

무언가 일이 끝났다면
그것으로 된 것이다.
뒤돌아보지 말고,
새로운 목표가 있는
미래를 향해 나아가라.[i]

무엇이든 지나간 일에 대해서는 절대 염려하지 마라. 그것도
하나의 경험이었다 생각하고, 그 문제에 대해 잊어버려라. 수
많은 문제가 항상 산적해 있기 마련이니, 이미 지나간 일은
뒤돌아보지 마라.[ii]
행복한 사람은 마음을 상하게 하는 연결고리를 부숴 버린
사람이며 더 이상 걱정하는 일을 하지 않는 사람이다.[iii]

i 조지 C. 마셜 장군
ii 허버트 후버
iii 오비디우스

나의 행동 철학

사람들은 나를 보고 긍정주의자라고 평가하는데, 사실 정말 그렇기도 하다. 그 이유는 무엇일까? 내가 늘 실패가 아닌 성공의 방향을 바라보고 있기 때문이다. 나도 모르는 사이에 실패 쪽으로 눈길을 돌렸다가도 실패라는 가정을 바로 지워 버린다. 바로 이것이 나의 행동 철학이다. 눈앞에 자신이 해야 할 일이 생기면 그 일에 대해 주의 깊게 살피고, 자신이 할 수 있는 일이 어느 정도인지를 정확히 파악하라. 그런 다음 계획을 세우고, 그 계획을 적절히 실현하기 위한 자신만의 방법을 만들어 내야 한다. 절대 즉흥적으로 처리해서는 안 된다.

마샬 페르디낭 포슈 장군

감당할 수 있는 만큼

인생에서 큰 슬픔을 마주했을 때는 용기로 대처하고, 작은 슬픔을 마주했을 때는 참을성으로 대처하라. 하루의 일을 끝마쳤다면 평화롭게 잠자리에 들라. 그 이후부터는 깨어 계신 신이 너를 지켜 주실 것이니.[i]

우리를 조마조마하게 하고 성가시게 괴롭히는 일은 아주 작고 사소한 것들이다. 우리는 코끼리는 피할 수 있지만 파리는 피할 수 없다.[ii]

절대로 한 번에 한 가지 이상의 문제를 감당하려 해서는 안 된다. 어떤 이들은 현재 자신이 가진 모든 문제를, 세 가지 이상이나 되는 문제들을, 심지어 미래에 닥칠 문제까지도 한 번에 감당하려고 한다.[iii]

i 빅토르 위고
ii 조시 빌링스
iii 에드워드 에버렛 헤일

오로지 기도하는 것은

길을 돌아갈 때마다
내 짐을 함께 들어 줄
강한 팔을 지닌 동무를 찾는 일이
인생에서의 내 기쁨이다

나는 그들에게 전해 줄 황금을 갖고 있지 않고
사랑만이 그에 대한 보상을 해 줄 수 있기에,
내가 오로지 신께 기도하는 것은
사는 동안 친구들에게 나 자신이 귀한 사람이 되도록 해 달
　　라는 것뿐

프랭크 뎀프스터 셔먼

5

말할 수도
추측할 수도 없는 것

그러기 위해

아래가 아닌 위를 바라보기 위해
뒤돌아보지 않고 앞을 바라보기 위해
내 안이 아닌 밖을 바라보기 위해
그리고 나의 손을 빌려주기 위해 산다

에드워드 에버렛 헤일

이미 가진 것을 만족하라

나의 운명에
스스로를 적응시키고,
나와 함께 살 운명인 사람들을
진실한 마음으로 사랑하라.ⁱ

나에게 부족한 것을 구하기 위해 애쓰지 말고,
이미 가진 것을 즐거워하라.
가진 것 중
가장 소중한 것을 고른 다음,
만일 그것이 없었다면
얼마나 간절히 그것을 갖기 위해 노력했을지 상상해 보라.ⁱⁱ

인생은 결국
그 사람의 생각이 만들어 낸
결과이다.ⁱⁱⁱ

i ~ iii 마르쿠스 아우렐리우스

조지 버나드 쇼의 통찰

사람들은 항상 자신의 처지를 환경 탓으로 돌린다. 나는 환경이라는 것을 믿지 않는다. 이 세상에서 성공하는 사람들은 자리에서 일어나 자신이 원하는 환경을 찾아내고, 그런 환경을 찾아낼 수 없다면 스스로 만들어 내는 이들이다.[i]

비참해지고 싶은가?
그렇다면
지금 내가 행복한지 불행한지
고민할 수 있는 여유만 가지면 된다.
참 쉽지 않은가.[ii]

i~ii 조지 버나드 쇼

대부분의 불행은……

우리는 불행도, 행복도 너무 과장된 모습으로 받아들인다. 하지만 결코 우리가 말로 표현하는 만큼 지나치게 불행한 것도, 또 그렇게 행복한 것도 아니다.[i]

결국, 최악의 불행은 일어나지 않는다. 대부분의 불행은 그걸 예상할 때나 생긴다.[ii]

오늘의 근심이 내일의 근심이 되는 일은 좀처럼 없다. 그러니 잠자리에 누우면 안심하고 근심을 향해 이렇게 말하라. "너희는 오늘 최악의 일을 저질렀으니, 이제 더 이상 우리가 만날 일은 없을 것이다!"[iii]

i ~ ii 오노레 드 발자크
  iii 윌리엄 쿠퍼

시간은 가차 없이 흐르더라

아니다. 시간이라는 강물은 언제나 같은 속도로, 하지만 가차 없이 흘러간다. 시간의 흐름을 멈출 수만 있다면 전 재산이라도 걸겠다고 생각할 때가 있다. 또는 그 흐름을 조금 더 빠르게 하고 싶을 때도 있다. 하지만 아무리 바라고 노력한들 헛된 일일 뿐. 우리가 일을 하거나 잠을 자거나, 어떤 일에 열중하거나 게으름을 피우거나, 기뻐하거나 고통스러워하거나, 시간이라는 강물은 유유히 흐르고 있다. 우리가 시간이라는 강을 이용할 수 있는 것은 '오늘의 삶'이라는 물레방아를 돌릴 때뿐이다. 시간이라는 강은 눈앞에서 한 번 흘러가 버리면, 결코 되돌아올 수 없는 영원이라는 바다로 흘러가 버린다. 물론 다음 기회가 오고, 또 다른 물결이 이어서 흘러오겠지만, 아무것도 하지 못한 채 이미 흘려보낸 시간은 완전히 사라진 것이다. 우리에게 다시 돌아오지 않는다.

에드워드 하워드 그릭스

어른이 되면 잊어버리는 지혜

내가 내일을 두려워하지 않는 이유는, 어제를 지켜봤고 오늘을 사랑하기 때문이다.[i]

아이들에게는 과거도, 미래도 없다. 따라서 아이들은 현재를 즐길 뿐이다. 우리 어른들은 절대로 이렇게 하는 법이 없지만.[ii]

인생을 즐길 생각이 있는가. 그렇다면 바로 지금이 그때다. 내일도, 내년도, 우리가 죽은 뒤의 미래도 아니다. 더 나은 내년을 준비하는 가장 좋은 방법은 올해를 충실하고도 완전히, 조화롭고 기쁘게 지내는 것이다. 풍요로운 현재의 삶을 살지 않는다면, 풍요로운 미래에 대한 확신은 그다지 중요하지 않다. 항상 오늘이 우리에게 가장 멋진 날이 되어야만 한다.[iii]

i 윌리엄 앨런 화이트
ii 장 드 라 브뤼에르
iii 토머스 드라이어

말할 수도 추측할 수도 없는것

그대가 현명하다 할지라도, 내일의 운명은
말할 수 없고 아직은 추측할 수도 없도다
그러니 오늘을 헛되이 보내지 마라
오늘은 결코 다시 오지 않을 테니

오마르 하이얌

과거를 대하는 자세

과거의 잘못으로부터
유용한 교훈을 얻기 위해서가 아니라면,
또한 값비싼 경험으로부터
이득을 취할 목적이 아니라면

과거를 뒤돌아봐서는 안 된다.

조지 워싱턴

생활의 발견

만족하기 위한 비결은
자신이 지닌 것을
어떻게 즐기면 좋을지 아는 것이며,
자신이 가질 수 없는 것에 대한
욕망을 버릴 줄 아는 것이다.[i]

진정한 마음의 평화는
최악의 사태를 받아들이는 데서
시작된다. 심리학적으로 보면
이것은 에너지의 해방이다.[ii]

i ~ ii 린위탕

실패의 조건

우리가 직면하고 있는 그 어떤 사실도 그에 대한 우리의 태도만큼 중요하지 않다. 왜냐하면 바로 태도가 우리의 성공과 실패를 좌우하기 때문이다. 특정한 일에 대해 생각하는 방식으로 인해 우리는 행동하기도 전에 실패할 수 있다. 실패할 거라 생각하기 때문에 결국 그 생각에 압도당하고 만다.[i]

오늘은 새로운 날이다. 우리는 뿌린 대로 거두게 될 것이다. (…) 만일 실수를 했다면, 그것도 심각한 실수를 저질렀다 하더라도 또 다른 기회는 항상 존재한다. 거듭된 시도에도 계속 실패한다 해도 우리는 원하는 때에 새로운 시작을 할 수 있다. 우리가 '실패'라고 부르는 것은 쓰러지는 것이 아니라, 단지 잠시 멈추는 것이기 때문이다.[ii]

i 노먼 빈센트 필
ii 메리 픽포드

행복에 대하여

행복해져야 하는 의무만큼
우리가 과소평가하는 것은 없다. [i]

어리석은 사람은
먼 곳에서 행복을 찾지만,
현명한 사람은
자신의 발밑에서부터
행복을 키워 나간다. [ii]

내가 점점 더 확신하게 되는 것은,
행복이나 불행은
우리가 인생에서 만나는
사건의 본질 자체가 아니라
우리가 그 사건을 어떻게 바라보는지에 따라
결정된다는 것이다. [iii]

[i] 로버트 루이스 스티븐슨
[ii] 제임스 오펜하임
[iii] 빌헬름 폰 훔볼트

인생을 대하는 자세

인생은 장기와도 같다.
기회의 있고 없음은
우리의 능력 밖의 문제이지만,
장기짝을
어떻게 쓸 것인가는
우리에게 달려 있다.[i]

일어난 일을
운명의 여신 탓으로 돌리는 건
미친 짓이다. 그녀는
완전히 무력한 존재일 뿐 아니라
'분별'의 신에게
지배당하고 있기 때문이다.[ii]

i 테렌티우스
ii 존 드라이든

그대로 받아들이기

거의 모든 일이
아무런 의심 없이
흔쾌히 받아들여질 때,
그 일의 양상은 달라진다.[i]

인생을 있는 그대로
받아들이지 않는 자는
악마에게 영혼을 팔아넘긴다.[ii]

i 헨리 S. 해스킨스
ii 샤를 피에르 보들레르

행복의 비밀

행복의 비밀은 바로 이것이다.
최대한 관심의 폭을 넓히고,
관심이 가는 사람이나 일에 대해서는
가능한 한 적대적인 태도가 아니라
우호적인 태도로 대하라.[i]

마음은 스스로의 터전이니,
그 안에서
지옥을 천국으로도,
천국을 지옥으로도
만들 수 있다.[ii]

행복의 비밀은
자신이 좋아하는 일을 하는 것이 아니라,
자신이 해야 하는 일을 좋아하게 되는 것이다.[iii]

i 버트런드 러셀
ii 존 밀턴
iii 제임스 M. 배리

준비성

하루하루가 준비된 상태라면
모든 하루를 똑같이 맞이하게 된다
당신이 모루*라면 기다리고
당신이 망치라면 당장 두드려라[i]

내가 아는 성공한 사람들은 모두 자신에게 주어진 조건에서
최선을 다하는 이들이었다. 내년이 되면 더 잘되겠지 하는
마음으로 마냥 버티고만 있었던 이들이 아니다.[ii]
기회는 저 멀고 험난한 곳에 있다는 말은 당신을 현혹할 뿐
이다. 최고의 기회는 바로 당신이 지금 서 있는 그곳에 있
다.[iii]

[i] 에드윈 마크햄
[ii] 에드가 W. 하우
[iii] 존 버로스

* 모루 : 대장간에서 뜨거운 금속을 올려놓고 두드릴 때 쓰는 쇠로 된 대

모래알 빠져나가듯

결코
그 무엇을 위한 시간은
찾을 수 없을 것이다.
만일 시간이 필요하다면
그 시간을 만들어 내야만 한다.[i]

주어진 기회를 이용하지 못하는 인간에게
기회가 무슨 소용일까?
시간의 파도는
부화되지 못한 알처럼
허무의 바다로 흘러 내려간다.[ii]

우리는 아이들이 바닷가에서 모래를 가지고 노는 것처럼 기회를 대한다. 아이들이 작은 손안에 모래를 채웠다가 손에서 모래알이 하나하나 빠져나가도록 가만히 두면, 결국 모래는 손에서 전부 사라지고 만다.[iii]

i 찰스 벅스톤
ii 조지 엘리엇
iii 토머스 존스

그 뒤에 숨은 무엇은

내가 모르는 바람 속의 목소리
높은 언덕의 의미
내가 이해할 수 없는 말이네
그 뒤에 숨은 무엇은 바로 신이라

조지 맥도널드

지도에 없는

나는 한 번도 황무지를 본 적 없고
나는 한 번도 바다를 본 적이 없다
하지만 황무지에서 피어나는 헤더가 어떻게 생겼는지
물결이 어떻게 움직이는지에 대해서는 알고 있다

나는 한 번도 신과 대화해 본 적 없고
천국에 가 본 적도 없지만
그곳이 어디인지는 안다
마치 두 손에 지도를 들고 있는 것처럼.[i]

불안은 인생의 밝은 면을 망가뜨리고 인생의 강함을 약화시키는 녹과 같다. 불안을 막는 가장 좋은 해결책은 아이처럼 변함없이 신의 섭리에 대해 신뢰하는 것이다.[ii]

---

i 에밀리 디킨슨
ii 트라이언 에드워즈

6

친구를 사귀고
그에게 영향을 미치는 법

상대가 전적으로 틀렸을 때

상대가 전적으로 틀렸을 수도 있다. 하지만 상대는 그렇게
생각하지 않는다. 그렇다고 그를 비난하지는 마라. 어리석은
사람은 누구나 그럴 수 있다. 오히려 그를 이해하려고 노력하
라. 몇 안 되는 현명하고 관대한 사람만이 어리석은 사람을
이해하려고 노력한다.

상대방이 그렇게 생각하고 행동하는 데는 그럴 만한 이유가
있다. 숨겨진 이유를 찾아보라. 그의 행동에서, 아마도 그의
성격에서 그 이유를 찾아낼 수 있을 것이다.

상대방의 입장이 되려고 노력해 보자.

사람을 별로 좋아하지 않는
당신을 위해

사람을 별로 좋아하지 않는가?

그 태도를 바꾸고 싶은가?

그렇다면 한 가지 방법이 있다.

바로 상대의 좋은 점을 찾아보는 것이다.

분명 몇 가지는 찾아낼 수 있을 것이다.

친구를 사귀기 위해서는

상대방이 당신에게 관심을 갖도록 만드는 데 2년의 시간을 쓰는 것보다, 당신이 2개월 동안 상대방에게 진심으로 관심을 보이는 것이 더 많은 친구를 사귀는 방법이다. 이는 친구를 사귀기 위해서는 친구와 하나가 되어야 한다는 말의 또 다른 표현일 뿐이다.

미소의 기술

미소의 기술에 대해 몇 가지 제안을 하겠다! 우선, 세상과 사람에 대한 올바른 마음가짐을 가지고 있어야 한다. 그렇게 하지 않으면 큰 성공을 거두지 못할 것이다. 하지만 그저 형식적으로 미소를 짓는 것만으로도 도움이 될 것이다. 미소는 다른 사람들에게 행복감을 만들어 낼 뿐만 아니라 마치 부메랑처럼 나 자신에게 다시 돌아오기 때문이다. 상대방에게 기분 좋은 느낌을 주는 것은 당신을 더 기분 좋게 만들 것이며, 머지않아 당신은 진정 행복한 미소를 짓게 될 것이다.

또한, 미소를 지으면 내 안에 있던 불쾌하거나 인위적인 느낌이 가라앉을 것이다. 상대방에게 미소를 지으면, 이는 적어도 어느 정도는 당신이 그를 좋아한다고 조용히 말하고 있는 것이다. 상대방은 그 뜻을 알아차리고 당신을 더 좋아하게 될 것이다. 미소 짓는 습관을 들여라. 그렇게 한다고 해서 당신이 잃을 것은 없다.

상대가 진정 마음에서 우러나오는 웃음을 짓도록 만들라. 그리하면 우정의 초석을 닦을 수 있다. 그가 당신과 함께 웃는다면, 어느 정도는 그도 당신을 좋아한다는 뜻이다.

친구를 사귀고
그에게 영향을 미치는 법

인간에게 가장 중요한 능력은 무엇일까? 그것은 실행력도, 위대한 정신력도, 친절함도, 용기나 유머 감각도 아니다. 물론 이것들도 아주 중요한 능력이지만 가장 중요한 건 아니다. 나는 친구를 만드는 능력이 가장 중요하다고 생각한다. 이는 상대에게서 최고의 장점을 찾아내는 능력이다.

친구를 사귀고 그의 의견에 영향을 미치는 가장 확실한 방법 중 하나는 그의 의견을 배려하고 그가 스스로 중요한 존재라고 느낄 수 있게 하는 것이다.

친구를 얻고 싶다면 반드시 그를 기억하도록 하라. 당신이 내 이름을 기억한다면, 그것만으로도 내게 칭찬을 해 주는 것이다. 이는 내가 당신에게 깊은 인상을 남겼다는 것을 뜻하기 때문이다. 그의 이름을 기억하라. 그러면 그는 스스로가 중요한 존재라는 느낌을 받게 될 것이다.

약속을 잡는다는 것은

누군가와 만날 약속을 잡는다는 것은 신뢰를 전제로 하는 것이다. 만일 그 약속을 어긴다면, 그에게서 도둑질을 한 것이나 마찬가지이다. 지갑에서 돈을 훔치는 것이 아니라, 그의 인생이라고 하는 은행에서 시간을 빼앗는 것이다. 그에게 있어 일생에 다시 찾을 수 없는 소중한 시간을 당신이 앗아간 것이다.

예의 바른 태도를
습관화하는 법

예의 바름에 대해 생각해 본 적 있는가? 없다면, 지금 당장 하던 일을 멈추고 예의 바름에 대해 한번 생각해 보라. 다음은 예의 바른 태도를 습관화하는 데 도움이 되는 방법이다.

1. 다른 사람과 이야기할 때 상대방의 이야기를 주의 깊게 들어라. 지루해 하거나 '이미 알고 있다'는 내색을 내보이지 마라.

2. 상대방이 말하는 동안 끼어들지 마라. 비록 상대방이 불평불만을 늘어놓아도 그가 할 말을 모두 끝내도록 기다려 주라. 그의 말을 방해하면 이는 그가 말하는 것이 들을 가치가 없다고 암시하는 것이다.

3. 처음 만나는 사람이라면, 그의 이름을 즉시 기억해서 되도록 그 이름을 부르라.

4. 만일 상대방의 말이 틀렸다 해도, 절대로 반박하지 마라. 필요하다면 그의 이야기가 끝난 후에 '내 의견은 이런데, 만일 내 생각이 틀렸다면 고쳐 달라'라고 말하라.

5. 잘난 체하지 마라. 말하는 상대방이나 당신의 동료가 그 어떤 면에서도 당신보다 열등하다는 느낌을 받게 해서는 안 된다. 상대방 스스로가 당신보다 열등하다고 생각하지

않는데 당신이 그를 열등하게 취급하면, 상대방의 분노만
살 뿐이다. 만일 당신이 정말로 우월하다 해도 상대방은
그저 당신이 운이 좋았기 때문이라고 생각할 것이다.

6. 당신이 틀렸다면 상대방에게 사과하라.

의견을 강요해서는 안 되는 이유

별 노력 없이 얻어 낸 아이디어보다, 스스로 노력해서 찾아낸 아이디어에 더 큰 믿음이 가지 않는가? 만일 그렇다면, 다른 사람에게 당신의 의견을 억지로 주입시키려 하는 것은 어리석은 일 아닐까? 의견을 제안하되 그가 스스로 결론을 내리도록 하는 것이 더 현명한 방법 아닐까?

겸손하게,
상대에게 마이크를 넘겨라

우리는 그렇게 대단한 사람들이 아니다. 따라서 겸손해야만 한다. 100년만 지나도 우리 모두는 이 땅에서 사라진 채 완전히 잊힐 것 아니겠는가. 자신의 하찮은 업적을 떠들어 대면서 다른 사람들을 지루하게 만들기에는 인생이 너무나 짧다. 상대방에게 말할 기회를 주자.

사람의 마음을 얻는 법

당신이 일본인보다 더 잘났다고 느끼는가? 사실 일본인은 자신들이 미국인보다 더 우월하다고 여긴다. 그 예로 보수적인 일본인은 백인 남성이 일본 여성과 춤을 추는 광경만 봐도 극도로 화를 낸다.

당신이 인도의 힌두교도보다 더 잘났다고 느끼는가? 그것은 당신의 특권의식일 뿐이다. 힌두교도들은 자신들이 당신보다 훨씬 훌륭하다고 생각한다. 그래서 이교도인 당신의 그림자가 음식물에 스치기만 해도 이미 더러워졌다며 그것에 결코 손을 대지 않는다.

당신이 에스키모인보다 더 잘났다고 느끼는가? 이 역시 당신의 특권의식이다. 에스키모인들이 백인을 어떻게 생각하는지 정말 알고 싶은가? 에스키모 사회에도 부랑자들이 있는데, 이런 제구실 못하는 게으름뱅이 에스키모인들을 그들은 '백인'이라고 부른다. 이 말은 그들에게 있어 가장 심한 경멸의 표현이다.

어느 민족이나 자신들이 다른 민족보다 더 우월하다고 느낀다. 이것이 애국주의와 전쟁을 부르는 요인이다.

변하지 않는 진실은, 당신이 만나는 거의 모든 사람은 어떤 식으로든 자신이 당신보다 우월하다고 느낀다는 사실이다.

이것을 잊어서는 안 된다. 그래서 상대방의 마음을 확실히 얻기 위해서는 당신이 그의 중요성을 인식하고 있고 이를 진심으로 인정하고 있다는 사실을 은근히 상대가 깨닫게 만들어야 한다.

상대의 마음을 닫게 만드는 주문,
"당신이 틀렸다!"

우리는 사실 말뿐만이 아니라 표정이나 억양, 몸짓만으로도 상대가 틀렸다고 유창하게 말할 수 있다. 그런데 만일 상대방에게 "당신이 틀렸소"라고 말한다면, 그가 당신의 의견에 동의하고 싶어질까? 결코 그렇지 않다! 당신이 그의 지능과 판단력, 자존심에 직격탄을 날렸기 때문이다. 그로써 상대방은 당신에게 반격을 가하고 싶을 것이다. 그는 결코 자신의 생각을 바꾸고 싶지 않을 것이다. 그때 당신은 플라톤이나 임마누엘 칸트 같은 철학자들의 온갖 논리를 들먹일 수 있지만, 이미 당신은 그의 기분을 상하게 했기에 어떻게 해도 그의 생각을 바꿀 수 없다.

대화할 때 꼭 기억해야 할 것들

당신과 대화하고 있는 상대는 당신 자체나 당신의 문제보다
자기 자신과 자신이 바라는 바, 그리고 자신의 문제에 백배
는 더 관심 있다는 사실을 기억하라. 중국에서 백만 명이 기
근으로 사망한다는 사실보다 자신의 치통이 지금 그에게는
훨씬 더 중요하다. 그는 아프리카에서 발생한 지진보다 자기
목에 조그맣게 난 종기에 더 신경 쓴다. 다음에 누군가와 대
화를 시작할 때는 반드시 이 점을 고려하라.

우리가 살아가고 있는 세상은 늘 바쁘다. 만일 말할 내용이
있다면 빠르게 말하고, 바로 본론으로 들어가라. 그리고 다
른 사람에게 이야기할 기회를 주라.

웃는 얼굴은 말보다 힘이 세다

행동이 말보다 더 크게 말을 한다. 웃는 얼굴은 "나는 네가 좋아. 너는 나를 행복하게 만들어. 나는 너를 만나서 기뻐"라고 이야기한다.

사람들이 개를 좋아하는 것도 이런 이유에서이다. 개는 사람을 보면 너무 반가워서 뛰어오르려 한다. 그래서 우리도 자연스럽게 개를 보고 반가워하는 것이다.

그렇다면 가짜 웃음은 효과가 있을까? 그렇지 않다. 가짜 웃음은 그 누구도 속이지 못한다. 우리는 그것이 기계적인 웃음이라는 것을 알고 그 웃음을 불쾌해 한다. 내가 말하는 진정한 웃음이란 마음이 따뜻해지는 웃음, 내면에서 우러나오는 웃음, 물건을 사는 사람의 기분을 좋아지게 하는, 그런 웃음이다.

상대가 원하는 것을 주라

하늘 아래 타인의 행동을 이끌어 낼 수 있는 방법은 딱 하나뿐이다. 그가 그 일을 원하게 만드는 것이다. 다른 방법은 없다는 사실을 기억하라.

물론, 상대방의 옆구리에 권총을 겨눠 그가 시계를 내놓게 만들 수는 있다. 해고하겠다고 위협함으로써 직원의 협조를 끌어낼 수도 있다. 매를 들거나 위협함으로써 자녀가 당신의 말을 듣게 할 수는 있다. 하지만 이렇게 유치하고 조잡한 방법들은 결국 좋지 않은 결과를 가져올 뿐이다.

타인의 행동을 유도하는 유일한 방법은, 상대방이 원하는 것을 주는 것이다.

왜 우리는?

왜 우리는 보상을 주는 대신 매를 드는 걸까? 왜 우리는 칭찬 대신 비난을 하는 걸까? 아주 조금이라도 진전을 보이면 칭찬을 하자. 이렇게 하면 상대방이 계속해서 변화하고자 노력하게 될 것이다.

평생토록 전해질 이야기

당신에게는 분명 이 세상의 행복의 총량을 더 늘릴 수 있는 힘이 있다. 그 방법도 간단하다. 외로워하거나 낙담한 누군가에게 진심으로 그를 인정해 주는 말 몇 마디만 전하면 된다. 아마도 당신은 오늘 건넨 그 말을 내일이면 잊어버리겠지만, 그 이야기를 들은 상대방은 평생토록 감사히 여길지 모른다.

자신의 성취나 욕망에 대한 생각은 그만두자. 상대방의 좋은 점을 알아내려고 노력하자. 그런 다음에는 더 이상 아첨이 아닌 솔직하고 진실한 인정의 말을 그에게 들려주자. "진실한 마음으로 인정하고 아낌없이 칭찬"하면 사람들은 당신이 한 말을 소중하게 여기고 아낄 것이다. 그리고 당신이 자신이 했던 그 말을 잊은 뒤에도, 그들은 그 이야기를 평생에 걸쳐 반복할 것이다.

상대의 약점을 보완하는 법

상대가 잘한 것에 대해 먼저 칭찬하고, 그런 다음 점차적으로 그의 약점을 보완해 주라. 이 방법은 사무실에서나, 공장에서나, 누군가의 가정에서나, 아내와 아이들, 그리고 부모님, 그 외 이 세상 그 어떤 관계에서도 효과가 있을 것이다.

누군가를 비판하고 싶다면

만약 내일 수십 년에 걸쳐 죽을 때까지 지속될 수 있는 원한을 사고 싶다면, 아무리 그것이 정당하다는 확신이 있다 하더라도, 신랄한 비판 대열에 살짝 발을 담궈 보라.

인간은 이성적인 존재가 아니다. 인간은 편견으로 가득 차 있고, 자존심과 허영심에 따라 움직이는 감정적인 존재이다. 사람을 대할 때는 이 사실을 반드시 기억해야 한다.

카네기표 결혼생활 가이드

여자들은 생일과 기념일에 엄청난 중요성을 부여하는데, 이는 영원히 여성에 대한 미스터리로 남을 일이다. 남자들은 보통 살면서 여러 기념일을 기억하지 못해 실수를 범하지만, 반드시 알아 두어야 할 몇몇 날짜가 있다. 바로 콜럼버스가 아메리카 대륙을 발견한 1492년과 미국이 탄생한 1776년, 그리고 아내의 생일과 결혼기념일이다. 여차하면 1492년과 1776년은 잊고 지낼 수 있지만, 아내의 생일과 결혼기념일은 절대 잊어서는 안 된다!

결혼생활이 난관에 부딪혔다고 느껴진다면, 당신의 배우자가 당신을 기쁘게 하는 일들의 리스트를 작성해 보라. 그리고 반대로 당신이 배우자를 힘들게 만드는 일들이 무엇인지도 적어 보라. 이렇게 해 보면 당신의 삶 전체가 완전히 바뀔 수도 있다.

고집스러움을 자랑하지 마라

남에게 원한을 품지 마라. 대단한 일이 아니라면 굴복하는 것을 두려워하지 마라. 자신의 고집스러움을 자랑하는 사람은 작은 사람이며, 상대방과 악수하고 자신의 잘못이라고 말하며 다시 시작할 것을 제안하는 사람은 큰 인물이다.

아이의 특권을 빼앗지 마라

아이의 야망을 보고 비웃지 마라. 비웃음만큼 날카로운 상처는 없으며, 비웃음은 아이를 놀리는 것이나 다름없다. 아이가 과욕을 부릴 때 부모가 해야 할 일은 그 일에 대해 다각도로 이야기를 나누어 보고, 가능하다면 그 일을 해결할 수 있는 방법을 찾아내는 것이다. 그러고 나서 아이가 스스로 앞으로 나아가도록 계속 격려해 주어야 한다.

무엇보다도, 아이가 스스로 할 수 있는 일에 대해서는 도움을 주지 말아야 한다. 아이의 소중한 특권과 스스로 자신의 성공을 만들어 나갈 때 느끼는 희열을 앗아가서는 안 된다.

오늘 하루를 친절하게

만일 당신이 하루 동안 친절하고 사려 깊은 사람이 될 수 있다면, 그 어떤 날에도 그런 사람이 될 수 있다. 여기에는 돈이 단 한 푼도 들지 않는다. 그러니 오늘 바로 시작하라.

다른 사람들에게 관심을 갖고 자기 자신의 일은 잊어라. 매일, 하루 한 가지씩 남을 미소 짓게 할 선행을 베풀어라.

기회가 생길 때마다 다른 사람에게 친절한 행동을 하라. 그리고 하루가 끝나갈 때 그 일이 자신에게 어떤 의미였는지를 한번 생각해 보라. 물론 그 한 번의 친절한 행동이 의미하는 바를 모두 깨닫지는 못하겠지만, 이것 하나만큼은 분명하다. 친절한 행동은 상대방을 좋아한다는 표시이며, 그 친절을 받아들이는 상대방도 어느 정도는 당신을 좋아하게 될 것이다.

논쟁에서 이기는 법

논쟁에서 이기는 최고의 방법은 논쟁을 피하는 것이다. 방울뱀이나 지진을 피하듯 논쟁을 피해야 한다.

논쟁을 하면 십중팔구 서로 각자가 상대방보다 절대적으로 옳다는 확고한 신념만 갖게 된다.

논쟁으로는 누구도 이길 수 없다. 졌다면 진 것이고, 이겼다 해도 그 역시 진 것이다. 왜? 상대방에게 공격을 퍼부으며 그가 제정신이 아니라고 취급하면서 자신이 이겼다고 생각하면, 잠시 기분은 좋을지 모른다. 하지만 상대방은 어떻겠는가? 당신은 그에게 열등감을 느끼게 했고, 그의 자존심을 상하게 했다. 상대방은 당신의 승리에 분개할 것이다.

일에 재미를 붙일 때 일어나는 일

생각의 방식을 바꿈으로써 그 어떤 일도 덜 불쾌하게 만들수 있다. 물론 당신의 사장은 자신이 돈을 더 많이 벌기 위해당신이 일에 흥미를 가지기를 원할 것이다. 하지만 사장이 원하는 게 무엇이든 그건 잊어버리자. 오직 일에 재미를 붙였을때 당신이 얻게 될 것에 대해서만 생각하라. 그렇게 하면 인생에서 얻는 행복의 양이 두 배가 될 수 있다는 사실을 기억하라. 사실 우리는 깨어 있는 시간의 절반을 직장에서 보내고 있다. 그런데 만약 직장에서 행복을 찾지 못한다면, 우리는 그 어디에서도 행복을 찾지 못할 수 있다. 또 하나 기억해야 할 것은 자신의 일에 재미를 붙이면 걱정을 잊어버릴 수있고, 장기적으로는 승진과 임금 인상으로 이어질 수 있다는 사실이다. 하지만 이러한 보상이 없다 하더라도 피로감을최소한으로 줄일 수 있고, 여가를 즐기는 데도 도움이 될 것이다.

7

배려 없는 손으로
만지지 마라

에머슨의 행복론

언제나, 계란 하나를 삶을 때라도, 늘 최선의 방법이 있다. 긍정적인 태도가 바로 일을 행복하게 하는 방법이다.[i]

진실로 다른 이에게 도움을 주는 자는 스스로를 돕고 있다는 것, 이것이야말로 인생에서 가장 아름다운 보상 가운데 하나이다.[ii]

행복은 마치 향수와 같다. 자신의 몸에 뿌리지 않고서는 다른 이에게 그 향기를 전할 수 없다.[iii]

i~iii 랠프 월도 에머슨

빵을 돌로 만드는 방법

말이나 행동은 그 내용 자체보다는 그것을 하는 '태도'가 훨씬 더 중요하다. 가시 돋친 마음으로 억지로 시중을 든다면, 친절한 행위라도 돌처럼 딱딱해진 빵과 같다. 굶주린 자라면 어쩔 수 없이 먹기는 하겠지만, 잘못하면 목에 걸려 숨을 못 쉴지 모른다.

세네카

친구여,
나의 영혼을 염려해 주길

우리의 우정은 짧게 끝나 버리고, 결국 좋은 결말을 맺지 못하는 경우가 많다. 이는 우리가 우정을 마음에서 우러나오는 참된 감정이 아니라, 와인의 질감이나 한낱 꿈에서나 느껴 보았던 감미로운 감정으로 여기기 때문이다. 우정의 법칙은 자연의 법칙이나 도덕의 법칙과 마찬가지로 위대하고 존귀하며 영원하다. 하지만 우리는 그 달콤함을 빨리 맛보고 싶어 우정이라는 열매를 성마르게 낚아챈다. 그러나 우정은 신의 낙원에서도 여름과 겨울을 거쳐야만 겨우 익는 과실. 우리는 친구를 신성한 존재로서가 아니라, 자기에게 적절하게 맞는 대상으로서만 찾아 사귄다.

나는 우정을 아주 까다롭게 만들어 가고 싶지는 않지만, 담대한 용기를 갖고 만들어 가고 싶다. 진정한 우정은 유리끈이나 성에처럼 약하고 덧없는 것이 아니라, 이 세상에서 가장 견고한 것이다.

결국 우정의 최종 단계는 가장 엄격하고도 소박하게 교제하는 것이다. 우리가 경험한 어떤 만남보다도 엄숙하게 교제해야 한다. 우정을 키우는 목적은 젊은 때부터 나이 들어 죽음에 이르기까지 사귐을 통해 서로가 서로를 도와 가며 즐거움을 나누는 데 있다. 맑은 날에도, 아름다운 선물을 주고받을 때도, 시골길을 걸을 때도 우정과 함께라면 좋은 시간이 된다. 그뿐 아니라 불운에 처했을 때나, 배가 난파됐을 때, 혹은 가난이나 곤경에 허덕일 때도 우정은 함께 하며 위로가 된다. 우리는 일상적인 삶에서 하루하루 필요한 우정을 중요하게 여기고, 용기와 지혜, 조화로써 가꿔 나가야 한다. 우정을 결코 흔히 있는 것으로 취급하거나 굳은 상태로 머무르게 해서는 안 된다. 항상 기민한 태도로 독창적으로 키워 나가야 하며, 일상의 고됨에 변화를 주고 살아가는 이유를 만들어 주는 역할을 해야 한다. [i]

선의나 협조, 인정만으로는 우정이라 부르기에 충분치 않다. 누군가가 이야기하듯 친구란 단순히 조화 속에서가 아니라 음률에 함께 맞춰 나가는 관계이기 때문이다. 친절한 이웃이 식사나 의복, 건강에 대해 염려해 주듯, 친구가 내게 그렇게 해 주길 바라는 것이 아니다. 우리는 친구가 우리 영혼에 대해 염려해 주기를 바란다. [ii]

i 랠프 월도 에머슨
ii 헨리 데이비드 소로

장미를 건넨 손에는

친절한 말 한 마디가 석 달간의 차디찬 겨울을
따뜻하게 만들어 준다.[i]
남에게 장미를 건넨 손에는
언제나 향긋한 미향(微香)이 남아 있다.[ii]

마음에서 우러나는 선량함으로 도움이 되는 말을 건네고,
격려하는 미소를 보이며, 다른 사람의 험난한 길을 매끄럽게
만들어 주는 이들이 있다. 이들은 그때마다 자신의 가장 깊
은 곳에서 기쁨을 느끼고 그 기쁨으로 삶을 살아간다. 해결
할 수 없을 것 같던 문제를 극복해 내고 성취의 한계를 뛰어
넘을 때, 또 어디서 이런 기쁨을 맛볼 수 있겠는가? 행복을
찾고 있다면 잠시 멈춰 생각해 보라. 우리가 실제로 경험하
는 기쁨은 발밑에 돋아나는 잡초나 아침 햇살에 반짝이는
꽃잎 위의 이슬처럼 우리 주변에 무수히 있다.[iii]
"인간이 있는 곳이라면 어디든 친절함을 베풀 기회는 존재한
다."[iv]

i 일본 속담
ii 중국 속담
iii 헬렌 켈러
iv 세네카

지식에 예의를 갖추라

할 수 있다면 다른 사람들보다 현명해져라. 하지만 다른 사람들에게 너 자신이 더 현명하다고는 말하지 마라.[i]

지식은 반드시 예의를 갖춰야 한다. 그래서 세상으로 나가는 길을 원활하게 터야 한다. 예의가 결여된 지식은 다이아몬드의 원석과 같다. 옷장에 넣어둔 채 호기심 가득한 눈으로 바라보기에는 좋으며, 그 희소가치 때문에 중요시하지만 잘 연마되었을 때라야 가장 귀한 것이 된다.[ii]

자신의 이야기를 듣게 하려고 상대의 단추나 손을 잡아끌어서는 안 된다. 상대가 나의 말을 듣고 싶어 하지 않는다면, 입은 다무는 편이 낫다.[iii]

i~iii 체스터필드 경

사랑의 황금율

내가 사람의 방언과 천사의 말을 할지라도 사랑이 없으면 소리 나는 구리와 울리는 꽹과리가 되고
내가 예언하는 능력이 있어 모든 비밀과 모든 지식을 알고 또 산을 옮길 만한 모든 믿음이 있을지라도 사랑이 없으면 내가 아무것도 아니요
내가 내게 있는 모든 것으로 구제하고 또 내 몸을 불사르게 내줄지라도 사랑이 없으면 내게 아무 유익이 없느니라
사랑은 오래 참고 사랑은 온유하며 시기하지 아니하며 사랑은 자랑하지 아니하며 교만하지 아니하며
무례히 행하지 아니하며 자기의 유익을 구하지 아니하며 성내지 아니하며 악한 것을 생각하지 아니하며
불의를 기뻐하지 아니하며 진리와 함께 기뻐하고
모든 것을 참으며 모든 것을 믿으며 모든 것을 바라며 모든 것을 견디느니라
사랑은 언제까지나 떨어지지 아니하되 예언도 폐하고 방언도 그치고 지식도 폐하리라
우리는 부분적으로 알고 부분적으로 예언하니
온전한 것이 올 때에는 부분적으로 하던 것이 폐하리라
내가 어렸을 때에는 말하는 것이 어린 아이와 같고 깨닫는

것이 어린 아이와 같고 생각하는 것이 어린 아이와 같다가
장성한 사람이 되어서는 어린 아이의 일을 버렸노라
우리가 지금은 거울로 보는 것 같이 희미하나 그 때에는 얼
굴과 얼굴을 대하여 볼 것이요 지금은 내가 부분적으로 아
나 그 때에는 주께서 나를 아신 것 같이 내가 온전히 알리라
그런즉 믿음, 소망, 사랑, 이 세 가지는 항상 있을 것인데 그
중의 제일은 사랑이라[i]

"그러므로 무엇이든지 남에게 대접을 받고자 하는 대로 너희
도 남을 대접하라."[ii]

i 《신약성경》〈고린도전서〉 13장
ii 《신약성경》〈마태복음〉 7장 12절

리더십의 본질

나는 지금까지 살면서 이 세상 곳곳의 훌륭한 사람들을 만나 봤다. 어떠한 지위에 있더라도, 남에게 인정받으며 일할 때보다 비난받으며 일할 때 일을 더 잘해 냈다고 말하는 사람은 아직 한 번도 만나 본 적이 없다.[i]

내 생각에, 나의 가장 훌륭한 자산은 다른 사람의 열정을 불러일으키는 능력에 있다. 내가 사람들의 기량을 고무시키는 방법은 바로 공감이다. 비판은 열정을 사라지게 만든다. 그래서 나는 누구도 비판해 본 적이 없다. 또한 인센티브가 중요하다. 그래서 나는 사람의 결점을 찾아내기보다 칭찬으로 열정을 북돋워 주려고 애쓴다. 무엇이라도 내 마음에 들면 진심으로 공감하고, 칭찬을 아끼지 않는 것이 나의 비결이다.[ii]

[i~ii] 찰스 슈왑

대화의 두 가지 풍경

대화 중에 합리적으로 말하고 다른 사람의 의견에 동의하는 사람을 찾아보기가 힘들다. 왜 그런가? 대부분의 사람이 상대방의 말에 집중하기보다 자신이 말하고 싶은 것에 대해 더 많이 생각하기 때문이다.[i]

좋은 대화는 하프 연주와도 같다. 소리를 내기 위해 현을 하나하나 튕기는 것만큼이나, 현을 누르고 진동을 멈추는 시간도 중요하다.[ii]

[i] 프랑수아 드 라 로슈푸코
[ii] 올리버 웬델 홈스

프랭클린이 50년간 지켜 온 습관

나는 상대방의 감정에 맞서 그의 의견을 거스르지 않고, 내 의견만이 옳다고 고집을 부리지도 않는 것을 대화의 원칙으로 삼았다. 그뿐 아니라, '확실히'나 '분명히'와 같이 이미 결정해 버린 것임을 의미하는 단어도 쓰지 않는다. 그 대신 '내 생각에는', '내가 이해한 바로는', '내 추측으로는'이라거나 '현시점에서는 이렇게 보이지만……'과 같은 표현을 사용하고 있다. 또한 상대방의 말이 잘못됐다고 해도 바로 면박을 주지 않고 '당신의 말도 일리가 있지만, 지금과 같은 경우에는 어딘가 잘 맞지 않는 것 같다'는 식으로 말한다. 이런 식으로 말할 때 얻는 것이 상당히 많다는 사실을 나는 곧 깨달았다. 상대방과 대화할 때 이야기가 보다 잘 풀려 나갔기 때문이다. 겸손한 태도로 말을 하면 상대방도 즉시 납득하고, 반대하는 자도 적어졌다. 게다가 내 잘못을 인정하는 것 자체도 그리 어렵지 않게 되었고, 내가 옳을 때는 상대방도 자신의 잘못을 쉽게 인정했다.

이 방법을 처음 쓰기 시작했을 때, 나는 타고난 급한 성격을 늦추느라 꽤 고생했다. 하지만 어느샌가 이렇게 말하는 것이 쉬워졌고, 완전히 습관으로 붙었다. 최근 50년간 내가 독선적인 말을 하는 것을 본 사람은 아마 없을 것이다. [i]

이것은 내가 오랜 경험을 통해 배운 바다. 상대가 불쾌한 말을 할지라도 그것을 회피하지 말 것. 오히려 적극적으로 그 문제를 받아들이고, 내가 상대의 의견을 존중하고 있음을 표현할 것. 이렇게 하면 상대도 나의 의견을 존중하게 된다.[ii]

i~ii 벤저민 프랭클린

사람을 대하는, 참 이성적인 자세

상대방은 당신과 다른 의견을 가지고 있다. 그러니 그 사람을 깨우칠 생각은 하지 마라. 10년 전 당신과 지금의 당신은 다르다. 그러니 남이 아닌 자기 자신을 일깨우는 것이 이성적인 일이다.[i]

나는 남을 꾸짖는 것이 어리석은 일임을 30년 전에 알게 되었다. 나 자신의 한계를 극복하는 것만으로도 충분히 힘든데, 신께서 인간에게 지혜라는 재능을 평등하게 분배하지 않았다는 것을 불평한다 한들 쓸데없는 일 아니겠는가.[ii]

i 호러스 맨
ii 존 워너메이커

운명은 우리를 형제로 만든다

운명은 우리를 형제로 만든다
누구도 자신의 길을 홀로 가지 않는다
우리가 다른 이의 삶 속에 보낸 모든 것들은
다시 우리 자신에게 돌아온다.

에드윈 마크햄

인생 아포리즘 2

세상에서 가장 어려운 일 가운데 하나가 자신이 틀렸음을 인정하는 것이다. 하지만 문제를 해결할 때 솔직하게 인정하는 것보다 더 효과적인 방법은 없다.[i]

아무리 풍족한 사람이라 해도 다른 사람의 도움이 필요한 법이며, 아무리 가난한 사람이라 해도 어떤 방법으로든 자기 친구에게 도움을 줄 수 있다. 신뢰 관계에 있는 타인이 도움을 요청할 때 그것을 친절한 마음으로 받아들이는 것은, 우리 본성에 따르는 일이다.[ii]

i 벤저민 디즈레일리
ii 교황 레오 13세
iii~iv 체스터필드 경

대화를 나누고 있는 상대의 감정을 알고 싶다면, 그의
얼굴을 바라보라. 사람은 말보다는 표정을 더 통제하기
어렵기 때문이다.[iii]

이야기를 하는 방식은 그 내용만큼이나 중요하다. 말의
내용을 이해하고 판단하는 사람보다, 간질이듯 매혹하
는 말솜씨에 흔들리는 귀를 가진 이가 더 많기 때문이
다.[iv]

알고 보면 다 배울 게 있다

당신을 칭찬하고, 당신에게 다정하게 대해 주며, 당신을 위해 물러나 주는 사람들에게서만 교훈을 얻었는가? 당신을 거절하고, 당신과 맞서려 하며, 당신에게 이의를 제기하는 사람들로부터는 훌륭한 교훈을 얻지 못했는가?[i]

내가 알던 현인이 이런 말을 한 적이 있다. "열 명 중에 아홉은 친해지고 나면 전보다 더 호감이 간다." 나는 살아가면서 그의 말이 사실임을 확인하게 되었다.[ii]

i 월트 휘트먼
ii 프랭크 스위너턴

사회생활을 시작하는 이에게

상대방에게 환대받는 사람이 되려면, 그가 당신에게 '좀 더 잘해 줬어야 했는데……'라고 느끼게 만들어야 한다.[i]

친구가 없거나 남들에게 영향력 없는 청년이 사회생활을 시작하는 가장 좋은 방법은 다음과 같다.

첫째, 직업을 구한다.

둘째, 함부로 말참견하지 않는다.

셋째, 다른 사람들을 관찰한다.

넷째, 성실히 일한다.

다섯째, 직원들 사이에서 꼭 필요한 역할을 해낸다.

여섯째, 예의 바르게 행동한다.[ii]

[i] 러셀 라인즈
[ii] 러셀 세이지

아이작 뉴턴의 슬기로운 조직생활 수업

새로운 조직에 들어갔을 때, 먼저 그 조직의 분위기를 잘 살펴라. 그리고 자신을 그 분위기에 맞추면, 보다 자유롭고 열린 마음으로 대화를 해 나갈 수 있다. 가급적 완곡한 표현을 사용하여 대화해 나가고, 확정적인 표현으로 단언하지 마라. 배우려는 자세를 갖고, 남을 가르치려 들지 마라. 그리고 상대방에게 무한한 존경심을 보인다면 상대방을 설득하게 될 것이며, 상대는 자신이 알고 있는 바에 대해 당신에게 더 많은 이야기를 들려줄 것이다. 하지만 겸손한 태도를 보이지 않으면 상대방과 다툼이 일어날 것이다. 그때는 당신이 동료들보다 더 영리한 것처럼 보이든, 어리석은 것처럼 보이든, 별소용이 없다. 어떤 일이든 거절하지 말며, 예상치 못한 반응을 보이며 상대를 헐뜯지 마라. 설혹 별것 아닌 일일지라도 상대를 칭찬하는 편이 안전하다. 칭찬은 상대를 비난할 때처럼 반발을 사지 않으며, 적어도 칭찬을 싫어하는 사람은 없기 때문이다. 누구든 자기를 칭찬하는 사람에게는 호감을 나타낼 것이다. 다만 남과의 비교를 통해 칭찬하는 일은 피하도록 하라.

아이작 뉴턴 경

개에게 물리지 말고 차라리 길을 양보하라

최선을 다하겠다, 결심한 사람이라면 개인적인 논쟁이나 다툼에 빠져 있을 시간이 없다. 더군다나 성질을 부추기고 자제력을 잃게 만드는 결과를 감당할 여유는 더더욱 없다. 상대와 동등한 권리를 가진 정도라면 큰 것을 양보하라. 작은 것이라면 분명히 자신의 것이라 하더라도 양보하라. 길 위에서 권리를 놓고 따지다가 개에게 물리는 것보다는 차라리 길을 양보하는 편이 낫다. 개를 죽인다 한들 물린 상처는 낫지 않는다.

에이브러햄 링컨

나를 믿게 하려면

진심을 다하라.
말과 태도와 행동은
언제나 단순하고 이해하기 쉬워야 한다.
가르치는 것에서 그치지 않고
그가 즐거워하게 하라.
만일 당신이 그를 웃게 만들 수 있다면,
그가 생각하게 할 수 있고
그가 당신을 좋아하게 할 수 있고
그가 당신을 믿게 할 수 있다.

앨프레드 E. 스미스

인간의 자격

이 처방대로 하면 14일 안에 우울증에서 벗어날 수 있다. '어떻게 하면 누군가를 기쁘게 할 수 있을까'를 매일 생각하면 된다.

자기 동료에게 관심이 없는 사람은 스스로가 괴로운 인생을 살게 되며, 다른 이에게도 큰 상처를 준다. 인간이 범할 수 있는 모든 과오는 이런 사람들에게서 나온다. 함께 일하는 이들의 좋은 동료가 되고, 다른 모든 이들의 친구가 되어 주고, 연애나 결혼생활을 할 때 서로 돕는 진정한 동반자가 되어 주는 것. 이것이 인간으로서 반드시 갖춰야 할 자격이자 인간이 받을 수 있는 최고의 찬사이다.[i]

만약 함께 지내기 힘든 사람이 있다면, 그를 대하는 간단한 방법은 바로 그가 자신의 우위를 지키기 위해 애쓰고 있다는 사실을 기억하는 것이다. 바로 이 생각을 바탕으로 그를 대하기만 하면 된다.[ii]

i~ii 알프레드 아들러

189

함부로 강요하지 마라

상대에게는 그 나름의 행복한 생활 방식이 있다. 그러니 그의 인생에 함부로 간섭하지 마라. 바로 이것이 다른 사람과 관계를 맺을 때 반드시 알아 두어야 할, 가장 중요한 지침이다.[i]

진보를 지향하는 인간의 역사를 들여다보면 한 가지 사실이 눈에 띈다. 그것은 바로 강요를 통해 설득하면 상대의 반감을 사기 때문에 결국 그 목표가 이뤄지지 않는다는 사실이다. 양심과 지성에 호소하며 설득해야만 그 목표를 이룰 수 있다.[ii]

i 헨리 제임스
ii 새뮤얼 곰퍼스

신사의 조건

여덟 살 무렵, 난 후서토닉 강 근처의 스트래트포드에 있는 리비 린슬리 고모 댁에서 주말을 보내고 있었다. 어느 날 저녁 한 중년 남성분이 찾아오셨고, 고모와 정중한 태도로 사소한 언쟁을 하시더니, 말씀이 끝나자 내게 관심을 보이셨다. 그 당시 나는 보트에 엄청난 관심을 가지고 있었는데, 그분은 보트를 주제로 내가 좋아할 만한 이야기들을 해 주셨다. 그분이 돌아간 뒤 나는 고모에게 열정적으로 그분에 대해 이야기했다. "진짜 멋진 분이시네요! 어쩜 그렇게 보트에 관심을 갖고 계실 수 있죠!" 고모는 그가 뉴욕에서 일하는 변호사라고 알려 주시며 그는 보트에 관해서는 관심도, 아는 바도 전혀 없는 분이라고 하셨다. "그럼 그 아저씨가 왜 계속 보트에 대해서만 이야기하셨던 거예요?"

"그분이 신사이기 때문이란다. 그분은 네가 보트에 관심 있다는 걸 알아차린 거야. 그래서 네가 흥미 있어 하는 것에 대해 이야기하면 네가 즐거워할 거라는 사실을 알고 계셨던 거지. 그분이 네게 맞장구를 쳐 주었던 거야."

지금까지 나는 고모님의 말씀을 결코 잊지 않고 있다.

윌리엄 라이언 펠프스

마음은 알고 있는 비밀

나는 신중하게 물었다.
"정말 좋은 것은 무엇일까?"

법정이 말했다. "바로 질서이다."
학교가 말했다. "바로 지식이다."
현명한 사람이 말했다. "바로 진실이다."
바보가 말했다. "바로 쾌락이다."
아가씨가 말했다. "바로 사랑이다."
청년이 말했다. "바로 아름다움이다."
몽상가가 말했다. "바로 자유이다."
경험 많은 현자가 말했다. "바로 가정이다."
군인이 말했다. "바로 명예이다."
예언가가 말했다. "바로 평등이다."
하지만 나는 슬픈 마음으로 말했다.
"내가 바라는 답은 그게 아닌데……."

그러다 내 마음속 어딘가에서
부드러운 음성이 들려왔다.
"그들의 마음도 그 비밀을 알고 있다,

정말 좋은 것은 '친절'이라는 것을."

존 보일 오라일리

작은 것들의 힘

작은 물방울이
작은 모래알이
거대한 바다와
아름다운 땅을 만드네

작은 순간이
비록 보잘것없어도
위대한 시간을 만드네
영원이라는

작은 친절한 행동이
작은 사랑의 말이
이 세상을 에덴동산으로 만드네
천국과 같은

줄리아 카니

친구의 의미

젊을 때 친구가 옆에 있는 것은 좋은 일이다. 하지만 늙어 갈때 친구가 옆에 있는 것은 훨씬 더 좋은 일이다. 젊을 때는, 다른 모든 것들과 마찬가지로 친구 역시 너무나 당연한 존재로 여긴다. 나이가 들면 친구가 있다는 것의 깊은 의미를 알게 된다.[i]

우리를 도와주는 것은 친구의 도움 그 자체라기보다, 친구가 나를 도와줄 거라는 확신이다.[ii]

i 에드바드 그리그
ii 에피쿠로스

행복한 가정의 조건

마침내 평화와 안식이 찾아왔다,
하루의 긴 노고의 시간이 모두 지나갔다.
모든 이의 마음이 속삭인다,
"집으로, 드디어 집으로 갈 시간이야!"[i]

'행복한 가정'을 만들기 위해서 반드시 필요한 여섯 가지 조건이 있다. '진실성'은 반드시 건축가의 역할을 해야 하고, '청결함'은 집을 장식하는 사람의 역할을 해야 한다. 집은 '애정'으로 온기가 넘쳐야 하고, '명랑함'으로 밝게 빛나야 한다. '근면함'은 매일매일 집 안의 공기를 새롭게 하고 살기 좋은 환경을 만드는 환풍기 역할을 해야 한다. 무엇보다도 지붕을 보호해 주며 영광을 안겨 줄 '신의 축복'이 없다면 가정은 불충분한 공간이 될 것이다.[ii]

i 토머스 후드
ii 알렉산더 해밀턴

배려 없는 손으로 만지지 마라

결혼생활을 힘들게 하는 것은 대개가 사소한 것을 무시해서 생겨난다. 결혼의 행복은 작고 민감한 것들로 쌓여 가기에 결코 거칠게 다뤄서는 안 된다.

결혼이라는 민감한 식물은 배려 없는 손으로 만지기만 해도 쉽게 상처를 입고, 무관심에 얼어붙으며, 의심에 부러지고 만다. 결혼이라는 행복의 꽃에는 언제나 부드러운 사랑으로 끊임없이 물을 주어야 한다. 따뜻한 인정의 빛을 내리쬐어 줌으로써 꽃이 피어나도록 해 주고, 그 어떤 것에도 흔들리지 않는 믿음의 철벽으로 지켜 주어야 한다.

이렇게 자라난 결혼이라는 행복의 꽃은 인생의 모든 시기에 향기로운 꽃을 피우고, 노년의 쓸쓸함조차 달콤하게 감싸 줄 것이다.

토머스 스프랫

진정한 기쁨은 어디에

다툼이 없는 사람들은
좀처럼 경험하지 못하네, 진정한 기쁨을
서로를 용서하는 것
이것이야말로 가장 아름다운 사랑의 모습인 것을

존 셰필드

사랑, 그것에 대하여

진실한 마음의 결혼에

부디 방해 마시길

변화가 생겼을 때 변하거나

방해가 있을 때 영향을 받는 사랑은 사랑이 아니니

아, 그것은 영원히 고정된 지표라

휘몰아치는 폭풍우 속에서도 흔들리지 않는

그것은 모든 방황하는 배들의 별

높이는 가늠할 수 있으나 가치는 알 수 없는

장밋빛 입술과 뺨이

시간의 구부러진 낫에 걸려 있더라도

사랑만큼은 시간의 광대가 아닐지니

사랑은 짧은 시간 안에 변치 않고

운명의 최후까지 버티는 것

이것이 틀린 생각이고 그렇게 입증된다면,

나는 결코 이 시를 쓴 적도, 그 누구를 사랑한 적도 없었으
  리라

윌리엄 셰익스피어

8

나는 나를
지배하고 싶다

데일 카네기의 일의 요령

어려운 일부터 먼저 하라. 그렇게 하면 쉬운 일은 저절로 처리될 것이다.

마치 자신의 일이 '재미있는 척' 한다면, 이렇게 연기하는 것만으로도 당신이 느끼는 감정이 진짜인 것처럼 될 것이다. 또한 재미있는 척을 하면 피로감과 긴장감, 걱정도 줄어들 것이다.

열심히, 바쁘게 일하며 지내라. 이것이 이 세상에서 가장 싸고 효과도 뛰어난 보약이다.

작은 일에 최선을 다하는 것을 두려워하지 마라. 그 일들을 하나씩 정복해 낼 때마다 당신은 훨씬 강해질 것이다. 작은 일을 잘해 낸다면, 큰일은 저절로 처리될 것이다.

인생이 지루한가,
아니면 슬픔에 빠져 있는가

인생이 지루한가? 그렇다면 무언가 온 마음을 다해 몰두할 만한 보람된 일이 필요하다. 죽기살기로 덤빌 만한 일에 몰두한다면, 결코 상상할 수 없었던 행복을 찾게 될 것이다.

슬픈 일을 겪었거나 불행한 일을 마주했다면, 무슨 일이든 하면서 바쁘게 지내라. 마음과 손을 쉬지 않고 바쁘게 하는 것이 다른 그 어떤 것보다 도움이 될 것이다. 내 경험에 따른 것이기에 장담할 수 있다.

지금 가장 좋아하는 일을 하고 있는가

우리가 평소 놀라울 정도로 많은 걱정과 엄청난 긴장감을 지닌 채 살아가고 있는 이유는 무엇일까? 수많은 이들이 자기 자신에 대해 제대로 파악하지 못하고 있고, 자신이 사랑하고 잘할 수 있는 일을 지금껏 찾지 못했기 때문이다. 좋아하지도 않는 일을 하며 인생을 살고 있기에, 삶에 저항하는 내면의 반란으로 속만 끓이고 있는 것이다.

남녀를 불문하고 생계를 유지하기 위해 일을 하는 이들을 보면서 그들이 가엾다고 생각한 적은 한 번도 없다. 하지만 자신이 하는 일에 열정이 없는 사람들을 보면 정말이지 가엾다는 생각이 든다. 젊었을 때 자신이 좋아하는 일을 찾아내고 일생을 살면서 그 일에 젊음의 열정을 쏟아붓지 못한다면, 이는 실로 엄청난 비극이다.

자신이 가장 좋아하는 일을 하고 있는가? 만약 그렇지 않다면, 지금 당장 이 문제부터 해결하라! 자신이 좋아하는 일을 하지 않는다면 결코 진정한 성공에 이르지 못할 것이다. 대부분의 성공한 사람들은 자신이 원하는 일이 무엇인지 찾아내기 위해 여러 가지 일들을 시도해야 했다.

책임감을 갖고,
긴 시선으로 바라보라

책임감 있게 일을 하는 사람은 일터에서든, 인생에서든 다른 사람들보다 돋보이며, 앞서나갈 수 있다. 책임감을 기꺼이 받아들이라. 작은 일이든 큰일이든 책임감을 갖고 임하면 성공은 당신 곁으로 다가올 것이다.

지금의 위치에서 한 단계 올라서고 싶다면, 당신은 특별한 뭔가를 해내야 한다. 즉 추가적인 노력이 필요하다는 이야기이다. 더 노력한다는 것은 녹초가 될 정도로 그 일을 열심히 해야 함을 의미한다. 그렇기에 일을 하는 동안에는 기쁘지 않고 힘들 수 있지만, 긴 시선으로 바라본다면 보상이 따르게 된다는 것을 알게 될 것이다.

성공의 요소

성공을 만들어 내는 요소는 다양하다. 건강(항상 필수요소인 것은 아니다), 활력, 끈기, 상식, 열정, 재능과 같은 것들이다. 그런데 이 목록에서 한 가지 빠진 게 있는데, 이것이 없으면 다른 모든 것을 갖추고 있다 해도 성공을 만들어 낼 수 없다. 바로 '노력'이다!

성공을 만드는 황금 레시피

우리는 이 세상에서 앞서 나가는 자가 될 수 있다. 그렇게 되기 위해서는 반드시 노력해야 하고, 간절히 성취를 열망해야 하며, 그 대가를 기꺼이 지불해야 한다. 이렇게 할 의지가 당신에게는 있는가?

판단력에 미래에 대한 야망을 섞어라. 거기에 활력이라는 양념을 추가하라. 이것이 성공이라는 요리를 만드는 황금 레시피이다.

세상을 내 것으로 만드는 비밀

성공하는 사람과 실패하는 사람의 차이는, 성공하는 사람은 자신의 실수를 활용해 다른 방식으로 다시 시도한다는 데 있다.

간절히 원했던 일을 성공하지 못했다면, 포기하거나 실패를 받아들이지 마라. 다른 방법을 시도해 보라. 당신이 가진 활에는 활시위가 단 한 줄만 있는 게 아니다. 다른 시위를 발견하기만 하면 된다.

이 세상의 중요한 것들 대부분은 희망이라곤 전혀 찾아볼 수 없을 때도 포기하지 않고 끊임없이 노력했던 이들에 의해 만들어졌다.

그 어떤 일에도 낙담하지 마라. 끝까지 계속하고 결코 포기하지 마라. 바로 이것이 성공한 사람들 대부분이 썼던 방법이다. 물론 낙담할 시기는 분명 찾아온다. 중요한 것은 그 위기를 극복하는 것이다. 이렇게 할 수 있다면, 세상은 당신의 것이 된다!

작곡가 어빙 벌린의 충고

너 자신이 되어라. 러시아 작곡가 어빙 벌린이 미국 작곡가 조지 거슈윈에게 했던 현명한 충고를 따르라. 벌린과 거슈윈이 처음 만났을 때 벌린은 유명한 작곡가였지만 거슈윈은 틴 팬 앨리*에서 주급 35달러를 겨우 받던 초보 작곡가였다. 거슈윈의 재능에 감명받은 벌린은 거슈윈에게 다음과 같이 제안했다. 당시 거슈윈이 받던 주급의 약 세 배를 지급할 테니 자신의 음악 작업을 돕는 비서가 되지 않겠느냐고 물었던 것이다. 하지만 그러면서 이렇게 덧붙였다. "내 제안을 받아들이지 않는 것이 나을 걸세. 내 제안을 승낙한다면 자네는 벌린을 닮은 이류 작곡가가 될 뿐이지. 하지만 자네가 자신만의 개성을 꾸준히 지켜 나간다면, 언젠가 일류 작곡가 거슈윈이 될 것이네."

---

* 틴 팬 앨리(Tin Pan Alley) : 미국 뉴욕의 지역 이름으로 19세기 후반에서 20세기 초반까지 미국 대중음악의 대부분을 출판하던 곳

반세기 인생의 가르침

불행한 말[馬]을 본 적 있는가? 혹은 우울한 새를 본 적 있는 가? 말이나 새가 불행하지 않은 이유는 다른 새와 다른 말에게 애써 잘 보이려 하지 않기 때문이다.

반세기 동안 살아오면서 인생이 내게 가르쳐 준 바가 있다면, 바로 이것이다. "오로지 자기 자신만이 스스로에게 평안을 가져다줄 수 있다."

나는 진정한 마음의 평안을 얻는 길은 올바른 가치관을 가지는 데 있다고 믿는다. 자신만의 확고한 기준, 즉 인생에서 정말 가치 있는 것이 무엇인지에 대한 기준을 바로 세울 수 있다면 모든 괴로움의 절반은 단번에 사라질 것이다.

그동안 몰랐던 나의 힘

우리에게는 자신조차 알지 못했던 능력이 있다. 한낱 꿈이라고 생각했던 일을 해낼 수 있는 힘이 우리에게는 있다. 누구라도 반드시 그렇게 해야만 하는 절박한 상황에 처한다면, 지금까지 불가능하다고 생각했던 일도 실제 해낼 수 있다.

데일 카네기의 인생 조언 2

다른 사람들이 당신에 대해 뭐라고 이야기할지를 걱정하는 대신, 그들이 존경을 표할 만한 일을 이뤄 내기 위해 애쓰는 편이 낫지 않겠는가!

자신의 잘못을 솔직히 인정하고 당당히 행동할 수 있다면, 과거의 잘못된 행동이 오히려 도움이 될 수 있다. 잘못을 인정하면 주위 사람들이 당신을 다시 보게 될 뿐만 아니라 당신 자신의 자존감도 높일 수 있기 때문이다.

행복해지기 원한다면 생각을 지배하고, 에너지를 해방하며, 희망을 북돋아 주는 목표를 세워라. 행복은 자기 자신 안에 있다. 행복은 모든 생각과 에너지를 쏟을 수 있는 무언가를 하고 있을 때 나타난다. 그러니 행복해지기를 바란다면, 자기 자신 외에 다른 무언가에 열중하도록 하라.

자신이 믿는 바에 충실하라!

만일 당신이 믿고 있는 생각이 있다면, 시끄러운 세상의 합창 소리에 귀 기울이지 마라. 오로지 당신 내면의 소리가 말하는 바에만 귀 기울여라.

자신이 하는 일에 믿음을 갖고 있다면, 그 무엇도 당신의 일을 가로막지 못하게 하라. 이 세상에서 훌륭한 일들 대부분은 불가능해 보였던 것을 이루어 낸 경우이다. 중요한 것은 그 일을 끝까지 해내는 것이다.

문제 앞에서 스스로를 속이지 마라

문제에 봉착했을 때 다른 누군가에게 달려가고 싶은 유혹이 들거든, 스스로에게 이렇게 말하라. "이 문제는 내가 직접 해결할 수 있다. 문제를 피하려고만 하는 것은 나 자신을 속이는 행위일 뿐이다. 나는 분명 문제를 해결할 것이다." 그런 다음 문제를 해결해 나가라. 그때 당신은 성공의 길을 향해 한 발짝 내딛게 된다.

나는 나를 지배하고 싶다

《성경》〈창세기〉에 따르면, 창조주는 인간에게 온 땅을 다스릴 권리를 주셨다. 이는 참으로 강력하고 커다란 선물이다. 그러나 나는 그런 신적인 특권에는 별 관심이 없다. 내가 지배하고 싶은 것은 단 하나, 바로 나 자신이다. 즉 나의 생각, 두려움, 마음과 정신에 대한 지배력만을 원할 뿐이다. 그런데 놀랍지 않은가! 내 행동을 조절하고 뭔가에 대한 나의 반응을 통제함으로써 내가 원할 때는 언제든 이 지배력을 발휘할 수 있다니⋯⋯ 이 얼마나 멋진 일인가!

소박한 것의 즐거움

초원의 음악이나 숲을 찬미하는 교향곡마저 듣지 못할 정도로 그렇게 바쁘게, 허둥지둥 살지는 말자. 이 세상의 어떤 것들은 돈보다 훨씬 더 중요하다. 그중 하나가 바로 소박하고 단순한 것들을 즐길 줄 아는 능력이다.

흥미진진한 이 세상에서

이 세상은 흥미로운 일들로 가득 차 있다. 이렇게 스릴 넘치는 세상에서 왜 지루한 삶을 살아가려고 하는가?

바로 지금이, 이 세상에서 인생이라는 흥미진진한 모험을 시작할 유일한 기회이다. 그러니 이 같은 인생을 가능한 풍요롭고 행복하게 살기 위해 계획하고 실행해야 하지 않겠는가.

더 나은 나를 만들어 가려면

소인은 아주 작은 비판에도 벌컥 화를 낸다. 하지만 현인은
자신을 비난하는 자나 책망하는 자, 자신과 논쟁을 벌이는
자로부터 열심히 배우려 한다.

변화하는 삶을 살기 위해서는 늘 마음을 열어 두어야 한다.
변화를 받아들이고, 변화를 꾀하라. 자신의 의견과 생각을
계속해서 검토하고 고쳐 나가야만 발전할 수 있다.

지금부터 크리스마스가 될 때까지, 나를 위한 변화의 시간을 가져라

다른 사람을 변화시키고 더 나은 방향으로 이끌어 주고 싶은 가? 하지만 스스로의 변화부터 시작하는 것이 어떨까? 물론 순수하게 이기적인 관점에서긴 하지만, 이것이 다른 사람을 발전시키려고 노력하는 것보다 훨씬 유용하며 위험 부담 또한 적다.

브라우닝이 "인간의 싸움은 자기 내면에서부터 시작된다. 그렇게 할 때 인간은 발전한다"라고 말한 바 있다. 아마 이렇게 스스로의 변화를 불러오기까지는 수개월이 걸릴 것이다. 지금부터 크리스마스가 될 때까지 먼저 자신을 발전시키고, 크리스마스 연휴 동안에 길게 휴식을 취한 다음, 새해부터 다른 사람들을 변화시키는 데 시간을 쏟아 보는 게 어떨까?

인생이
무엇인지는 몰라도

다른 북소리

왜 우리는 성공하기 위해 그렇게 서두르고, 필사적으로 일에 뛰어들어야 하는가? 누군가가 다른 사람들과 보조를 맞추지 못한다면 그는 아마도 다른 북소리를 듣고 있을 것이다. 그게 어떤 박자이든, 얼마나 멀리서 들리든, 그 음악에 맞춰 그가 걸어가게 하라.

헨리 데이비드 소로

자신을 사랑한다는 것

자기가 사랑하는 일을 하라.
자신의 본질을 깨달으라.
그리고 곱씹어라.
땅에 묻어라.
다시 캐내어 계속해서 곱씹어라.[i]

자신의 인생을 있는 그대로 사랑하라.
가난한 집에서도 기쁘고, 스릴 넘치며,
영광스러운 시간을 보낼 수 있다.
저녁 햇살은
대부호의 저택에서와 마찬가지로
고아원의 창문에서도 밝게 비친다.[ii]

자기 자신에 대해 어떻게 생각하는가,
그 생각이
그의 운명을 결정하거나 암시한다.[iii]

i ~ iii 헨리 데이비드 소로

완성된 인간

세상 사람들의 의견에 따라 사는 일은 매우 쉽다. 고독을 즐기며 자기 중심적으로 사는 일도 매우 쉽다. 하지만 완성된 인간은 군중 가운데서도 자립의 고독을 달콤하게 즐기는 사람이다. 나는 한 남자를 알고 있다. 그는 남들의 환심을 얻으려고 손을 내밀거나 입을 열지 않았으며 단순한 생활 습관과 성실한 인품을 지닌 이였다. 그는 젊은이들에게 여러 번에 걸쳐 조롱과 놀림의 대상이 되기도 했지만, 그때마다 참아 내며 이겨 냈다. 마침내 명예가 한 번도 동요하지 않았던 그를 찾아와 그와 함께 벤치에 앉았다.

랠프 월도 에머슨

자신이 아닌 것을
흉내 내지 마라

너 자신을 주장하라.

결코 다른 사람을 흉내 내지 마라.

자신만의 재능은

평생 축적한 힘으로 매 순간 발휘할 수 있다.

하지만 다른 사람을 흉내 낸 재능은

일시적인 반쪽짜리 소유물일 뿐이다.

각자가 가장 잘할 수 있는 재능은

그것을 준 창조주 외에는

누구도 가르칠 수 없다.

랠프 월도 에머슨

생각하지 않는 사람들

생각하지 않으려는 사람은 편협한 사람이며,
생각할 수 없는 사람은 어리석은 사람이고,
생각하지 않는 사람은 노예이다. [i]

언제까지나 무지한 채로 머물고 싶다면, 아주 간단하고도 효
과적인 방법이 있다. 자기가 가진 의견과 지식에 그냥 만족하
라. [ii]

아주 많은 이들이 그저 자기 편견을 고집하고 있는 것에 불
과한데도, '나는 생각하고 있다'라고 생각한다. [iii]

[i] 작자 미상
[ii] 엘버트 허버드
[iii] 윌리엄 제임스

기적의 조건

자신의 결점을 제대로 파악하고, 그것을 인정하라. 하지만 결점에 지배당해서는 안 된다. 자신의 결점을 통해 인내심과 따뜻한 마음, 사물을 꿰뚫어 보는 통찰력을 배우라. 진정한 배움이란 지성과 아름다움, 선량함이 한데 모인 것이며, 이 중에 가장 중요한 것은 선량함이다. 우리가 할 수 있는 한 최선을 다하면, 인생에서 혹은 다음 생애에서라도 어떤 기적이 펼쳐지게 될지 결코 알 수 없다.

헬렌 켈러

하루에 단 5분만이라도

누구에게나 특별한 기쁨의 순간이 반드시 필요하다. 하루에 단 5분만이라도 아름다운 꽃이나 구름, 별을 바라보자. 혹은 시를 읊는다거나, 일에 지친 누군가를 응원해 주는 일도 좋다. 아름다움의 여신과 기쁨의 신을 즐기며 웃음을 나누는 대신 지루한 일이나 원치 않는 관계 맺기로 늘 스스로를 힘들게 한다면, 아무리 부지런하게 살아 본들 그게 다 무슨 소용이겠는가? 이 아름답고 신선하고 영원한 것들을 우리 인생에 받아들이지 않는다면, 이는 하늘에게서 스스로 등을 돌려 이 모든 아름다운 존재 위에 회색빛 먼지만 쌓이게 할 뿐이다. 이 땅의 모든 것을 감사히 여기고 즐기지 않으면, 하늘이 땅보다 더 밝다는 말은 별 의미가 없다. 우리가 사랑하는 이 땅의 아름다움은 우리에게 일출과 별빛을 갈망할 권리를 준다.

헬렌 켈러

자기를 아는 지식

"너 자신을 알라." 이 말은 참으로 무게감 있는 충고이다. 다른 지식과 마찬가지로, 직접 문제를 손으로 만져 본 사람만이 이 충고의 어려움에 대해 알 수 있다. 문에 빗장이 걸려 있는지 아닌지 알기 위해서는 반드시 그 문을 밀어 보아야만 한다.[i]

자신에 대해 알지 못하는 인간은 인류에 대해 그 어떤 것도 알 수가 없다. 자기를 아는 지식은 열정을 발휘할 줄 알면서도 결과에 대해 숙고할 줄 아는 사람들의 특성이다.[ii]

i 미셸 드 몽테뉴
ii 벤저민 디즈레일리

경마가 세상에 존재할 수 있는 이유

우리 모두가 똑같은 생각을 하는 것은
최선이 아니다. 우리가
똑같이 생각한다면
경마라는 스포츠는 존재할 수 없다.[i]

인생이란 흩어진 사실과
사건의 조각들로 이루어진 것이 아니다.
인생은
사람의 머릿속을
끊임없이 휘젓고 다니는
폭풍 같은 생각들로 이루어져 있다.[ii]

i~ii 마크 트웨인

자기 신뢰

자신의 결점에만 매달려
반항해 봐야 아무 소용이 없다.
자기 연민으로는
아무 데도 갈 수 없다.
자신을 가능성 덩어리로 받아들이고
세상에서 가장 흥미로운, 즉
자신의 최선을 다해야 하는 게임에 뛰어들어
도전해 보겠다는 담대함을 가져야 한다.[i]

자기 자신에 대해 신뢰를 가지면
다른 모든 것에 대해서도 믿음이 생긴다.[ii]

i 해리 에머슨 포스딕
ii 프랑수아 드 라 로슈푸코

개성의 불꽃을 지켜라

포드가(家) 사람들은 다들 비슷하다. 그러나 그중에서 완전히 똑같은 두 사람은 없다. 새로운 생명이라 함은 태양 아래 완전히 새로운 것이 만들어진다는 뜻이다. 그와 똑같은 것은 이전에도 존재하지 않았고, 앞으로도 결코 존재하지 않을 것이다. 청년이라면 자기 자신에 대해 제대로 이해해야 한다. 자기 자신을 남들과 다르게 만드는 개성의 불꽃을 찾아내고, 그것을 최선을 다해 발전시켜 나가야 한다. 학교와 사회는 이 개성의 불꽃을 없애려 하면서 모든 사람을 동일한 틀에 맞춰 키우려 할 것이다. 하지만 개성의 불꽃이 사라지게 돼서는 안 된다. 이것이 그대의 가치를 주장하기 위한 유일한 권리이다.

헨리 포드

자기 자신을 받아들이려면

자기 자신을 받아들이는 법을 배우기 위해서는
인생의 진실을 인정해야 한다.
우리는 어떤 측면에서는 유능하지만
또 다른 측면에서는 그렇지 않다.
천재성은 드물고, 우리 대다수는 평범한 사람들이다.
하지만 우리는 각자의 기술 창고를 통해
우리들의 공동 생활을 풍요롭게 하는 데 기여할 수 있다.
모든 사람의 마음속에는
공포심이 숨어 있다는 사실을 알고,
스스로의 정서적 연약함을 받아들이자.
평범한 사람이란
한계와 기회가 함께하는 삶을
즐겁고 용기 있게,
기꺼이 받아들이는 자이다.

조슈아 로스 리브먼

나 자신의 주인이여

편안함을 추구하고 겸손한 것을 좋아하네
왕의 미소 아래에서도, 왕의 찡그린 얼굴 아래에서도
나의 별들 덕분에, 인생의 달콤함을 소중히 여긴다
잠 못 드는 밤이 없다면, 투쟁한 날도 없었다는 것
나는 쉬고, 일어나고, 마시고, 때로 사랑하네
나는 책을 읽고, 글을 쓰고, 정착하고, 방랑하네
살아 있다는 것에 만족하고, 언젠가 죽을 거라는 것에도 만
　　족하네
그 누구의 책임도 아닐지니, 나 자신의 주인이여

벤저민 프랭클린

인생의 기쁨

스스로 가장 중요하다고 인정하는 목표를 위해
쓰임을 받는 것,
쓰레기 더미에 버려지기 전에
완전히 소진되는 것,
세상이 나의 행복에 무관심하다고 불평하는
이기적이고 보잘것없는 불만 덩어리가 아닌
자연의 힘으로 존재하는 것,
이것이 바로 인생의 진정한 기쁨이다.

조지 버나드 쇼

인생 아포리즘 3

어린 시절이 인생에서 가장 행복한 시기라고 생각하는
것은 잘못된 생각이다. 가장 행복한 인간은 깊은 생각
에 빠질 수 있는 사람이며, 따라서 우리는 나이가 들수
록 점점 더 행복해진다.[i]

평온한 마음은 칭찬이든 비난이든 신
경 쓰지 않는 사람의 것이다.[ii]

인생을 기쁘게 받아들여라. 인생은
사랑하고 일하고 놀고 별을 바라볼
기회를 주기 때문이다.[iii]

그대 자신을 알라, 자신의 장점과 단점에 대한 모든 것을. 그러면 어떠한 감언이설도 그대를 해치지 못할 것이다. 듣기 좋은 아첨은 경고가 될 수도 있고, 겸손하라는 권고나 인생의 지침이 될 수도 있다. 아첨꾼이 가장 칭찬하는 그곳에 그대의 가장 큰 결점이 숨어 있기 때문이다.[iv]

인생의 진실은, 유쾌하고 끔찍하고 매력적이고 무섭고 달콤하고 씁쓸하다는 것, 그리고 이것이 전부라는 것.[v]

i 윌리엄 라이언 펠프스
ii 토마스 아 켐피스
iii 헨리 반 다이크
iv 마틴 F. 터퍼
v 아나톨 프랑스

무엇을 바랄 것인가

"그 어떤 자유보다, 양심에 따라 알고 말하며 논쟁할 자유를 달라."[i]

살아 있는 모든 것들이 나의 심장에 와닿게 하시고
내가 해야 할 말을 할 수 있는 힘을 주소서
하지만 그것이 나를 거부한다면,
그에 귀 기울이지 않고 살아갈 힘을 주소서[ii]

i 존 밀턴
ii 에드윈 마크햄

그것만으로도 충분했다

해는 저물고, 평화로움이 감돌며 어둠이 찾아오고 있었다. 이곳에는 헤아리기 어려운 우주의 생성 과정과 힘이 존재했고 조용하게 조화를 유지하고 있었다. 조화, 바로 이것이다! 정적에서 생겨나는 조용한 리듬과 완벽한 음계, 천체의 음악이라 할 수 있을 것이다.

이 리듬을 느끼며 잠시 그 일부가 되는 것만으로도 충분했다. 나는 그 순간 인간과 우주가 하나라는 확신이 들었다. 그 리듬의 질서 정연함과 조화로움, 그리고 완전함은 도저히 우연히 만들어졌을 리 없다는 생각이 들었다. 따라서 이 모든 것에는 반드시 목적이 있고, 인간은 우연히 만들어진 존재가 아니라 이 우주의 일부라는 확신이 들게 된 것이다. 이 생각은 이성을 초월한 것이며, 인간의 절망 속으로 들어가 그 괴로움이 무의미한 것임을 일깨워 주었다. 우주는 혼돈이 아니라 조화였다. 낮과 밤이 그렇듯, 인간은 바로 우주 질서의 일부였다.

리처드 E. 버드

그것이 될 수 없다면……

산꼭대기의 소나무가 될 수 없다면,
골짜기의 작은 나무가 되어라
그러나 골짜기에서 제일가는 작은 나무가 되어라
작은 나무가 될 수 없다면, 덤불이 되어라

덤불이 될 수 없다면, 풀이 되어라
그리고 큰길을 행복하게 만들어라
머스키*가 될 수 없다면, 배스†가 되어라
그러나 호수에서 가장 생기 찬 배스가 되어라

우리가 모두 선장이 될 수는 없다. 선원도 있어야 한다
우리 모두에게는 해야 할 일이 있다
큰일도 있고, 작은 일도 있지만
우리가 해야 할 일은 가까이에 있다

큰길이 될 수 없다면, 오솔길이 되어라
해가 될 수 없다면, 별이 되어라

---

* 머스키 : 강꼬치고기의 일종. 북미 원산의 대형 어종
† 배스 : 민물 농어

이기고 지는 건 크기의 문제가 아니니
무엇이 되든 최고가 되어라

더글러스 맬럭

살아라!

최선을 다해 살아라. 그러지 않는다면 실수하는 것이다. 그대의 인생을 살아가고 있다면, 어떤 일을 하는지는 중요치 않다. 최선의 삶을 살고 있지 않다면, 그대는 지금껏 무얼 해 왔는가? 어쨌든 나는 이제 너무 늙었다. 너무 늙어 어떤 것을 보아도 즐겁지 않다. 지나간 것은 결코 돌아오지 않는다. 이를 명심해야 한다. 그래도 인간에게는 아직 자유라는 환상이 남아 있다. 그러니 지금의 나처럼 그 환상조차 갖지 못한 인간이 되지는 마라. 나는 그때 너무 어리석었거나 혹은 너무 잘났던 탓에 그 환상조차 누리지 못하는 실수를 범하고 말았다. 이루어 내기 어려운 일이라 해도 계속해서 그대가 좋아하는 일을 하라. 그건 단지 실수였을 뿐이니. 살아라, 최선을 다해 살아라!

헨리 제임스

242

행복을 부르는 마음가짐

세상이 흔들릴 때도 나는 흔들리지 않는다
세상에 구름이 끼어 있을 때도 나는 고요하며
세상 모든 곳에 어둠이 덮여도
나는 그 안에서 항상 밝게 존재한다[i]

두려움 없이 인생을 바라보는 것,
순순히 체념하지 않고,
자연의 자녀로서 과감히 탐색하고
질문하며 자연의 법칙을 받아들이는 것,
자신의 영혼에 평화와 확신을 깃들이는 것.
이것이 바로 행복을 만들어 나가는 마음가짐이다.[ii]

i 대니얼 디포
ii 모리스 마테를링크

100년을 땅에 머문다 한들

숨만 쉰다고 사는 게 아니다.
행동해야 한다.
우리의 신체 기관과 감각,
모든 기능을 활용하는 일이며,
이 모두는 우리에게
살아 있다는 감각을 전해 준다.

이 세상에서 가장 오래 산 사람은
가장 많은 세월을 산 사람이 아니라,
인생을 가장 많이 즐긴 사람이다.
100년을 이 땅에 머물다 묻혔지만,
태어난 이후로 산 시체처럼 지내온 이도 있다.
그가 만일 젊을 때 죽었더라면,
적어도 그 순간까지는 삶을 살았을지 모른다.

장 자크 루소

인생이 무엇인지는 몰라도

해와 별은 공기 중에 떠다니고
사과 모양을 한 지구 위에 우리는 존재하네
이렇게 떠다니는 것은 분명 위대한 일일지니!
인생이 무엇인지는 몰라도, 분명 위대한 일이고, 바로 이것이
　　행복일지라.

월트 휘트먼

잠시 멈춰 서서 창밖을 보라,

이 세상이 얼마나 아름다운지.

눈앞에 펼쳐져 있는 세상을 즐겨라.

오늘 밤 밖으로 나가 하늘의 별을 올려다 보라.

바로 이것이 대자연의 경이로움이다.

데일 카네기

* 윈스턴 처칠(Winston Leonard Spencer Churchill), 영국의 제61·63대 총리, 노벨문학상 수상자
* 찰스 케터링(Charles Franklin Kettering), 미국의 발명가이자 엔지니어, 과학자, 사회철학가
* 헨리 데이비드 소로(Henry David Thoreau), 미국의 사상가, 《월든》 저자
* 랠프 월도 에머슨(Ralph Waldo Emerson), 미국의 철학자이자 사상가, 시인
* 에밀 쿠에(Emile Coué), 프랑스의 심리학자이자 약학자
* 토머스 윌슨(Thomas Wilson), 영국의 교육자이자 산문가
* 나폴레옹(Napoléon), 프랑스의 군인, 제1통령, 황제
* 요한 볼프강 폰 괴테(Johann Wolfgang von Goethe), 독일의 대문호
* 에드워드 헨리 해리먼(Edward Henry Harriman), 미국의 철도 경영자
* 시어도어 루스벨트(Theodore Roosevelt), 미국의 제26대 대통령
* 푸블릴리우스 시루스(Publilius Syrus), 시리아 출신의 고대 로마 작가
* 앙리 포코니에(Henri Fauconnier), 프랑스의 작가
* 아우구스트 폰 슐레겔(August von Schlegel), 독일의 낭만파 문학가
* 새뮤얼 버틀러(Samuel Butler), 영국의 작가
* 로버트 힐리어(Robert Hillyer), 미국의 시인이자 영문학 교수
* 윌리엄 메이크피스 새커리(William Makepeace Thackeray), 영국의 소설가
* 제임스 가필드(James Abram Garfield), 미국의 제20대 대통령
* 매튜 아널드(Matthew Arnold), 영국의 시인이자 문학평론가
* 해럴드 R. 메디나(Harold R. Medina), 미국의 순회 판사
* 시드니 스미스(Sydney Smith), 영국의 제독
* 토머스 에디슨(Thomas Alva Edison), 발명가이자 기업가
* 에드워드 불워 리턴(Edward Bulwer-Lytton), 영국의 소설가이자 정치가
* 찰스 킹즐리(Charles Kingsley), 영국의 소설가
* 조너선 오그던 아머(Jonathan Ogden Armour), 미국의 기업가
* W. C. 홀먼(W. C. Holman), 미국의 경영자
* 월터 H. 코팅엄(Walter H. Cottingham), 캐나다의 기업가
* H. 에딩턴 브루스(H. Addington Bruce), 미국의 언론인이자 심리학 저술가

* 러셀 콘웰(Rusell H. Conwell), 미국의 목사이자 저술가

* 존 셰드(John G. Shedd), 미국의 기업가

* 바이런 경(Lord Byron), 영국의 시인

* 해리 에머슨 포스딕(Harry Emerson Fosdick), 미국의 목사

* 윌리엄 휴얼(William Whewell), 영국의 자연철학자

* 존 키츠(John Keats), 영국의 시인

* 웬델 필립스(Wendell Phillips), 미국의 변호사

* 토머스 브라운 경(Sir Thomas Brown), 영국의 의사이자 저술가

* 헨리 워드 비처(Henry Ward Beecher), 미국의 목사이자 연설가

* 윌리엄 제임스(William James) 미국의 심리학자이자 철학자

* 헬렌 켈러(Helen Adams Keller), 미국의 맹농아 작가이자 사회사업가

* 윌리엄 오슬러 경(Sir William Osler), '현대의학의 아버지'로 불리는 캐나다의 의사

* 엘라 휠러 윌콕스((Ella Wheeler Wilcox), 미국의 여성 시인

* 에이브러햄 링컨(Abraham Lincoln), 미국의 제16대 대통령

* 유진 그레이스(Eugene Grace), 미국의 기업가

* 새뮤얼 존슨(Samuel Johnson), 영국의 시인이자 평론가

* 미셸 드 몽테뉴(Michel Eyquem de Montaigne), 프랑스의 철학자이자 문학가, 《명상록》 저자

* 토머스 칼라일(Thomas Carlyle), 영국의 비평가이자 역사가

* 헨리 워즈워스 롱펠로(Henry Wadsworth Longfellow), 미국의 시인

* 윌리엄 셰익스피어(William Shakespeare), 영국의 극작가

* 조시아 G. 홀랜드(Josiah G. Holland), 미국의 소설가이자 시인

* 아이작 와츠(Isaac Watts), 영국의 목사이자 찬송시 작사가

* 조지 C. 마셜 장군(General George C. Marshall), 미국의 군인이자 정치가

* 허버트 후버(Herbert Hoover), 미국의 제31대 대통령

* 오비디우스(Ovid), 고대 로마의 시인

* 마샬 페르디낭 포슈 장군(Marshal Ferdinand Foch), 프랑스 군인, 제1차 세계 대전 당시 연합군 대원수

* 빅토르 위고(Victor Hugo), 프랑스의 낭만파 시인이자 소설가

* 조시 빌링스(Josh Billings), 미국의 유머 작가

* 에드워드 에버렛 헤일(Edward Everett Hale), 미국의 작가이자 역사가, 목사

* 프랭크 뎀프스터 셔먼(Frank Dempster Sherman), 미국의 시인이자 교수

* 마르쿠스 아우렐리우스(Marcus Aurelius), 고대 로마 제국의 제16대 황제

* 조지 버나드 쇼(George Bernard Shaw), 영국의 극작가이자 소설가, 비평가

* 오노레 드 발자크(Honore de Balzac), 프랑스의 소설가

* 윌리엄 쿠퍼(William Cowper), 영국의 시인

* 에드워드 하워드 그릭스(Edward Howard Griggs), 미국의 작가이자 교수
* 윌리엄 앨런 화이트(William Allen White), 미국의 언론인이자 작가
* 장 드 라 브뤼에르(Jean de La Bruyère), 프랑스의 작가이자 변호사
* 토머스 드라이어(Thomas Dreier), 미국의 작가
* 오마르 하이얌(Omar Khayyām), 페르시아의 수학자이자 천문학자, 시인
* 조지 워싱턴(George Washington), 미국의 초대 대통령
* 린위탕(林語堂), 중국의 소설가이자 문명비평가,《생활의 발견》 저자
* 노먼 빈센트 필(Norman Vincent Peale), 미국의 목사,《긍정적 사고방식》 저자
* 메리 픽포드(Mary Pickford), 미국의 배우
* 로버트 루이스 스티븐슨(Robert Louis Stevenson), 영국의 소설가이자 시인, 《보물섬》 작가
* 제임스 오펜하임(James Oppenheim), 미국의 시인
* 빌헬름 폰 훔볼트(Wilhelm von Humboldt), 독일의 철학자이자 언어학자
* 테렌티우스(Publius Terentius Afer), 고대 로마의 희극 작가
* 존 드라이든(John Dryden), 영국의 시인이자 극작가, 비평가
* 헨리 S. 해스킨스(Henry S. Haskins), 미국의 주식중개인이자 문필가
* 샤를 피에르 보들레르(Charles-Pierre Baudelaire), 프랑스의 시인
* 버트런드 러셀(Bertrand Russell), 영국의 논리학자이자 철학자, 수학자
* 존 밀턴(John Milton), 영국의 시인,《실낙원》 저자
* 제임스 M. 배리(James M. Barrie), 영국의 작가,《피터팬》 저자
* 에드윈 마크햄(Edwin Markham), 미국의 시인
* 에드가 W. 하우(Edgar W. Howe), 미국의 소설가, 신문과 잡지 편집자
* 존 버로스(John Burroughs), 미국의 자연주의자이자 철학자, 수필가
* 찰스 벅스톤(Charles Buxton), 영국의 작가이자 정치가
* 조지 엘리엇(George Eliot), 영국의 소설가
* 토머스 존스(Thomas Jones), 영국의 화가
* 조지 맥도널드(George MacDonald), 스코틀랜드의 작가이자 시인, 목사
* 에밀리 디킨슨(Emily Dickinson), 미국의 시인
* 트라이언 에드워즈(Tryon Edwards), 미국의 신학자
* 세네카(Lucius Annaeus Seneca), 고대 로마의 스토아 철학자
* 체스터필드 경(Lord Chesterfield), 영국의 정치가이자 외교관
* 찰스 슈왑(Charles Schwab), 미국의 기업가
* 프랑수아 드 라 로슈푸코(François de La Rochefoucauld), 프랑스의 고전작가
* 올리버 웬델 홈스(Oliver Wendell Holmes), 미국의 의학자이자 문필가
* 벤저민 프랭클린(Benjamin Franklin), 미국 건국의 아버지 중 한 명. 출판인이자 작가, 정치가
* 호러스 맨(Horace Mann), 미국의 교육개혁가

* 존 워너메이커(John Wanamaker), 미국의 '워너메이커 백화점' 설립자
* 벤저민 디즈레일리(Benjamin Disraeli), 영국의 정치가
* 교황 레오 13세(Pope Leo XIII), 제256대 교황
* 월트 휘트먼(Walt Whitman), 미국의 시인
* 프랭크 스위너턴(Frank Swinnerton), 영국의 소설가이자 문학평론가
* 러셀 라인즈(Russell Lynes), 미국 역사가이자 잡지 편집자
* 러셀 세이지(Russell Sage), 미국의 금융가이자 정치가
* 아이작 뉴턴 경(Sir Isaac Newton), 영국의 과학자, 근대이론과학의 선구자
* 앨프레드 E. 스미스(Alfred E. Smith), 미국의 정치가
* 알프레드 아들러(Alfred Adler), 오스트리아 및 미국의 정신의학자
* 헨리 제임스(Henry James), 영미 소설가이자 문학평론가
* 새뮤얼 곰퍼스(Samuel Gompers), 미국의 노동 운동 지도자
* 윌리엄 라이언 펠프스(William Lyon Phelps), 미국의 수필가이자 교수
* 존 보일 오라일리(John Boyle O'Reilly), 아일랜드계 미국인 시인이자 작가
* 줄리아 카니(Julia Carney), 미국의 시인이자 교육자
* 에드바드 그리그(Edvard Grieg), 노르웨이의 작곡가이자 피아니스트
* 에피쿠로스(Epicurus), 고대 그리스의 철학자
* 토머스 후드(Thomas Hood), 영국의 시인
* 알렉산더 해밀턴(Alexander Hamilton), 미국의 법률가이자 정치가
* 토머스 스프랫(Thomas Sprat), 영국의 성직자
* 존 셰필드(John Sheffield), 영국의 시인
* 엘버트 허버드(Elbert Hubbard), 미국의 철학자이자 작가, 출판인
* 마크 트웨인(Mark Twain), 미국의 소설가, 《톰 소여의 모험》 작가
* 헨리 포드(Henry Ford), '자동차 왕'으로 불리는 미국의 '포드'사 창립자
* 조슈아 로스 리브먼(Joshua Loth Liebman), 미국의 개혁파 랍비이자 작가
* 토마스 아 켐피스(Thomas a Kempis), 독일의 가톨릭 수도사
* 헨리 반 다이크(Henry Van Dyke), 미국의 작가이자 교육자, 목사
* 마틴 F. 터퍼(Martin F. Tupper), 영국의 작가이자 시인
* 아나톨 프랑스(Anatole France), 프랑스의 소설가이자 평론가
* 리처드 E. 버드(Richard E. Byrd), 미국의 탐험가이자 비행사
* 더글러스 맬럭(Douglas Malloch), 미국의 시인
* 대니얼 디포(Daniel Defoe), 영국의 소설가, 《로빈슨 크루소》 저자
* 모리스 마테를링크(Maurice Maeterlinck), 벨기에의 시인이자 작가, 동화 《파랑새》 저자
* 장 자크 루소(Jean Jacques Rousseau), 프랑스의 사상가이자 소설가

옮긴이 **이정란**

세상과 사람에 대한 관심으로 사회학을 공부했다. 국민대학교 사회학과를 졸업하고 연세대학교 대학원에서 사회학 석사학위를 받았다. 출판사 에디터로 근무하면서 텍스트로 소통하는 일에 매력을 느껴, 호주 맥쿼리대학교 통번역대학원에서 석사학위를 받은 뒤 현재 전문 번역가로 활동 중이다. 역서로,《데일 카네기 비밀의 문장》《자포스는 왜 버려진 도시로 갔는가》《스파크》《선물의 힘》《나는 이제 나와 이별하기로 했다》《숫자를 읽는 힘》《루디크러스》 등이 있다.

DoM 021

나는 나를 지배하고 싶다
한 문장이 필요한 순간, 데일 카네기의 인생 아포리즘

초판 1쇄 인쇄   2023년 9월 18일
초판 1쇄 발행   2023년 10월 10일

지은이   데일 카네기
옮긴이   이정란
펴낸이   최만규
펴낸곳   월요일의꿈
출판등록   제25100-2020-000035호
이메일   dom@mondaydream.co.kr

ISBN   979-11-92044-33-0 (03190)

'월요일의꿈'은 일상에 지쳐 마음의 여유를 잃은 이들에게 일상의 의미와 희망을 되새기고 싶다는 마음으로 지은 이름입니다. 월요일의꿈의 로고인 '도도한 느림보'는 세상의 속도가 아닌 나만의 속도로 하루하루를 당당하게, 도도하게 살아가는 것도 괜찮다는 뜻을 담았습니다.
"조금 느리면 어떤가요? 나에게 맞는 속도라면, 세상에 작은 행복을 선물하는 방향이라면 그게 일상의 의미이자 행복이 아닐까요?" 이런 마음을 담은 알찬 내용의 원고를 기다리고 있습니다. 기획 의도와 간단한 개요를 연락처와 함께 dom@mondaydream.co.kr로 보내주시기 바랍니다.